mes années
POURQUOI

Le corp humain

textes de
Stéphanie Ledu

illustrations de
**Benjamin Bécue
Ilaria Falorsi
Mélisande Luthringer
Julie Mercier**

MiLAN

Le sommaire

Toi et les autres — 6

- L'apparence physique — 8
- Fille ou garçon ? — 10
- En mouvement — 12
- Avec les autres — 14
- Voyons voir… — 16

Les cinq sens — 34

- Des yeux pour voir — 36
- Des oreilles pour entendre — 38
- La peau et le toucher — 40
- Un nez pour sentir — 42
- Une bouche pour goûter — 44
- Voyons voir… — 46

Être vivant — 18

- Un nouveau bébé — 20
- Grandir et vieillir — 22
- Respirer — 24
- Manger — 26
- Boire — 27
- Dormir — 28
- Penser et agir — 30
- Voyons voir… — 32

Prendre soin de son corps — 48

- Tout propre ! — 50
- Des mains nettes — 52
- L'activité physique — 54
- À table ! — 56
- De belles dents — 58
- Chez le dentiste — 59
- Voyons voir… — 60

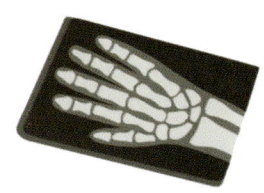

La santé — 62

	Les petits bobos	64
	La trousse de secours	65
	Les signaux du corps	66
	Les petites maladies	68
	Chez le docteur	70
	À l'hôpital	72
	Les handicaps moteurs	74
	Les handicaps sensoriels	76
	Les handicaps mentaux et psychiques	78
	Voyons voir…	80

Pages mémoire

	Les parties du corps	82
	Les muscles	84
	Le squelette	85
	Les organes	86
	Le système sanguin	87
	Protéger son corps	88
	Personne n'a le droit…	89
	Les expressions du corps	90
	L'index	92

 Tous les noms de cette imagerie sont présentés avec leur article défini. Pour aider votre enfant à mieux appréhender la nature des mots, les verbes et les actions sont signalés par un cartouche.

Pour vérifier les acquis et permettre à votre enfant de s'autoévaluer, une double page « Voyons voir… » est présente à la fin de chaque grande partie.

 Les « Pages mémoire », en fin d'ouvrage, présentent un récapitulatif de savoirs fondamentaux.

 Retrouvez rapidement le mot que vous cherchez grâce à l'index en fin d'ouvrage.

En bas de chaque planche se trouvent des renvois vers d'autres pages traitant d'un sujet complémentaire. Ainsi, vous pouvez varier l'ordre de lecture et mieux mettre en relation les savoirs.

Toi
et les autres

L'apparence physique

Chaque personne a des particularités qui la rendent unique.

la taille

la silhouette

petit   moyen   grand   gros   mince   maigre

les différentes couleurs de peau

le type et la couleur des cheveux

blonds / raides   roux / bouclés

châtains / frisés   bruns / crépus

la couleur des yeux

bleus   verts   marron   noirs

des particularités

la tache de naissance

les taches de rousseur

le grain de beauté

la cicatrice

l'épi

la moustache et la barbe

Pourquoi ressemble-t-on à ses parents ?

Chaque enfant est unique : même les frères et sœurs sont différents. Mais ces derniers ont un « air de famille » !

Quand un homme et une femme font un bébé, chacun lui transmet des caractéristiques physiques : la taille, la forme du visage…

À la naissance, difficile de dire à qui bébé va ressembler ! Et toi, qu'as-tu pris de ton papa ? Et de ta maman ?

Fille ou garçon ? **10**
Un nouveau bébé **20**

Fille ou garçon ?

Les corps d'une fille et d'un garçon sont presque pareils. Avec une grande différence : le sexe !

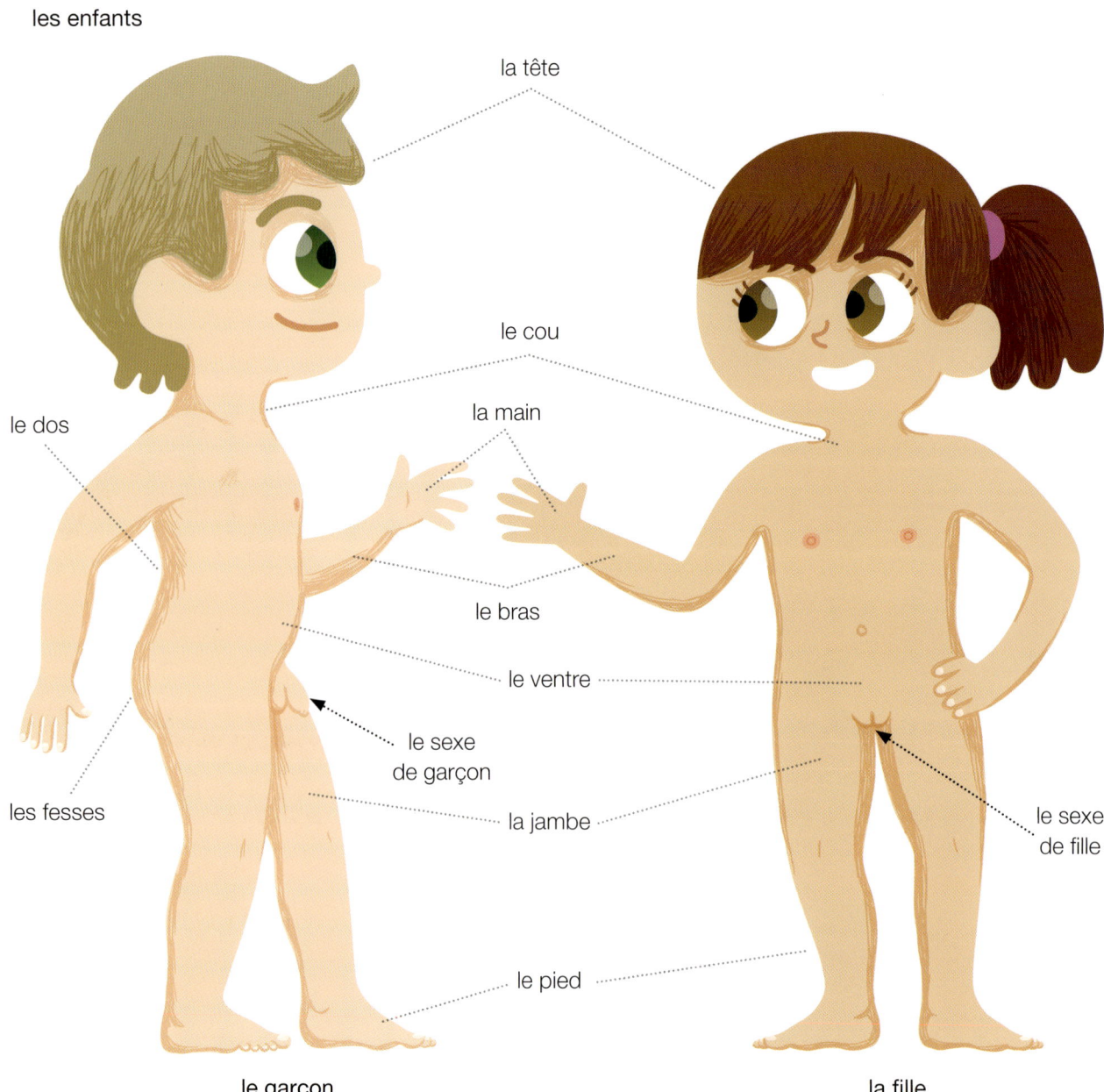

les enfants

la tête
le cou
la main
le dos
le bras
le ventre
le sexe de garçon
les fesses
la jambe
le sexe de fille
le pied

le garçon

la fille

les adultes

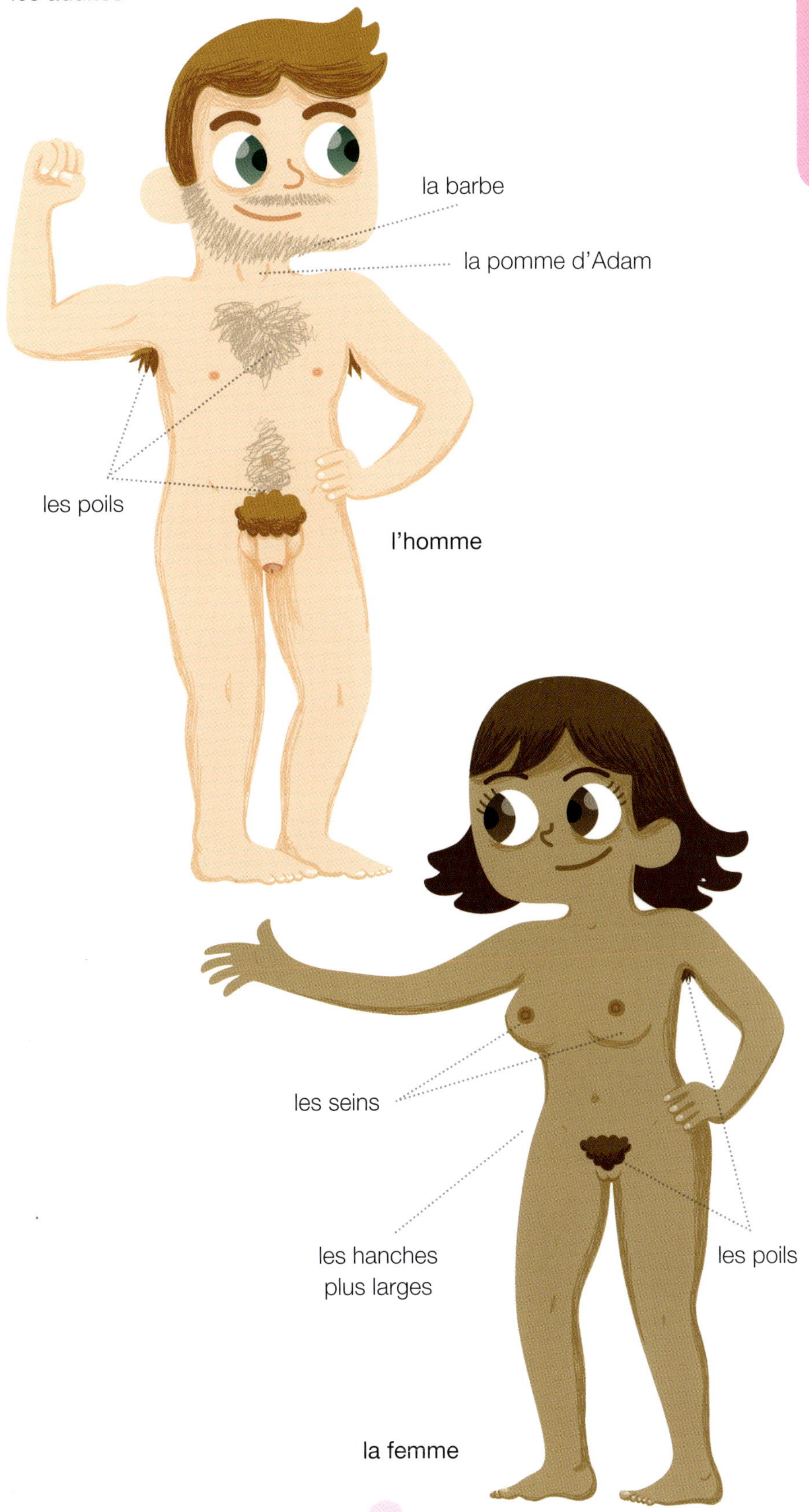

la barbe

la pomme d'Adam

les poils

l'homme

les seins

les hanches
plus larges

les poils

la femme

Pourquoi
y a-t-il des filles et des garçons ?

Pour faire un bébé, il faut toujours deux personnes de sexes différents : un homme et une femme.

Chacun son rôle ! L'homme dépose une sorte de graine dans le ventre de la femme. Puis le bébé grandit dans le ventre de sa maman.

Quand on attend un enfant, on ne peut pas choisir d'avoir une fille ou un garçon. Là, c'est le hasard qui décide !

Un nouveau bébé **20**
Les parties du corps **82**

En mouvement

Toute la journée, nous bougeons ! Notre corps nous permet de faire plein de gestes et d'être très actif.

Où le corps trouve-t-il sa force ?

sauter

tomber

lâcher

danser

s'asseoir

dessiner

lancer

fermer

porter

jeter

Le corps est comme une usine qui transforme les aliments en force, en énergie. Il faut manger pour bouger et faire des efforts !

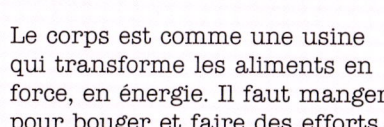

Pendant la digestion, les sucres de la nourriture sont récupérés et envoyés dans le sang. Ainsi, notre corps a du carburant.

Pâtes, pain, céréales, riz, pommes de terre : certains aliments, appelés « féculents », donnent beaucoup d'énergie.

Penser et agir **30**
Les muscles **84**

♥ Avec les autres

Les êtres humains sont faits pour vivre ensemble. Échanger avec les autres, c'est naturel, et cela fait naître plein d'émotions !

Pourquoi avons-nous besoin des autres ?

saluer

être impatient

se fâcher

avoir honte

féliciter

être fier

se moquer

être vexé

embrasser

être amoureux

être timide

Imagine que tu sois tout seul. Sans personne avec qui jouer ou parler, tu t'ennuierais et tu serais triste !

Les autres nous donnent de l'attention, de l'amour, de l'amitié... Ils nous aident et nous expliquent des choses.

Grâce à eux, nous grandissons et nous apprenons à réfléchir. Les autres font aussi un peu partie de nous !

Penser et agir **30**
Personne n'a le droit... **89**

Voyons voir...

Décris ces personnages et cherche leurs différences. Ont-ils aussi des points communs?

Qui est en colère? Qui est calme? Qui est amoureux? As-tu déjà ressenti ces sentiments?

Que font ces personnages? Aimes-tu faire la même chose qu'eux?

Regarde ces deux scènes.
Que font ces enfants ?
Peux-tu imaginer ce qu'ils se disent ?

Chaque personne est différente.
Et toi, à quoi te reconnaît-on ? Fille ou garçon,
couleur des yeux et des cheveux, lunettes
ou pas… Essaie de te décrire !

Être vivant

Un nouveau bébé

La venue au monde d'un enfant est une grande aventure ! De sa conception à sa naissance, il se passe 9 mois.

faire l'amour

le 1er mois

apprendre qu'on attend un bébé

avoir la nausée

le 3e mois

la visite du mois chez le spécialiste

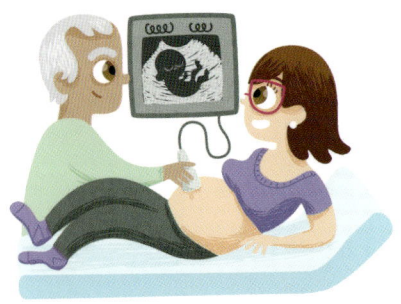
voir le fœtus sur l'échographie

le 6e mois

avoir souvent envie de faire pipi

la préparation à l'accouchement

le 9ᵉ mois

partir à la maternité

l'accouchement

l'obstétricien
la sage-femme

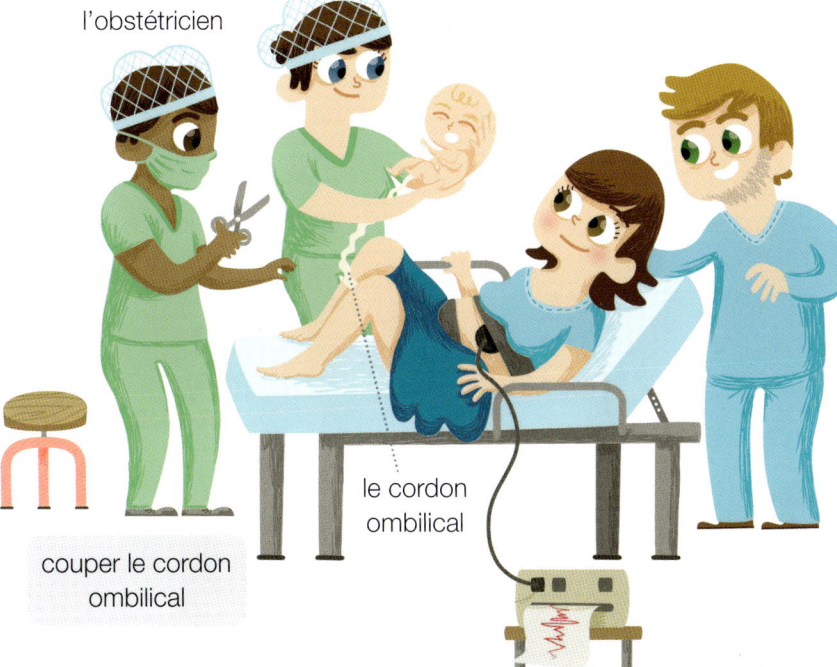

couper le cordon ombilical
le cordon ombilical
le monitoring

la couveuse

Qu'est-ce que c'est, des jumeaux ?

Pour faire un bébé, il faut qu'un spermatozoïde du papa rencontre un ovule de la maman. Cela fait un petit œuf.

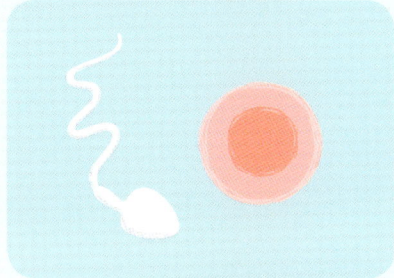

Mais parfois, la femme fabrique deux ovules, ou l'œuf se divise en deux. Et voilà deux bébés qui grandissent dans son ventre !

S'il y a trois bébés, on parle de triplés ; quatre, on parle de quadruplés… C'est quand même beaucoup plus rare !

Fille ou garçon ? **10**
Grandir et vieillir **22**

Grandir et vieillir

Tout au long de la vie, les êtres humains apprennent des choses et changent. Avec le temps, c'est presque tout le corps qui se transforme.

le bébé   l'enfant   l'adolescente   l'adulte

le bébé   l'enfant   l'adolescent   l'adulte

Qu'est-ce que c'est, être mort ?

Les plantes, les arbres, les animaux, les hommes... Tout ce qui est vivant cessera un jour d'exister.

Quand une personne meurt, son corps ne marche plus : son cœur s'arrête, son sang ne coule plus, elle n'entend plus...

Quand quelqu'un meurt, c'est difficile et très triste. Mais il continue à vivre dans le cœur de ceux qui l'ont connu.

la senior

la personne âgée

le senior

la personne âgée

Fille ou garçon ? **10**
Un nouveau bébé **20**

Respirer

Pour fonctionner, notre corps a besoin d'oxygène, un gaz qui se trouve dans l'air. C'est pourquoi nous respirons tout le temps !

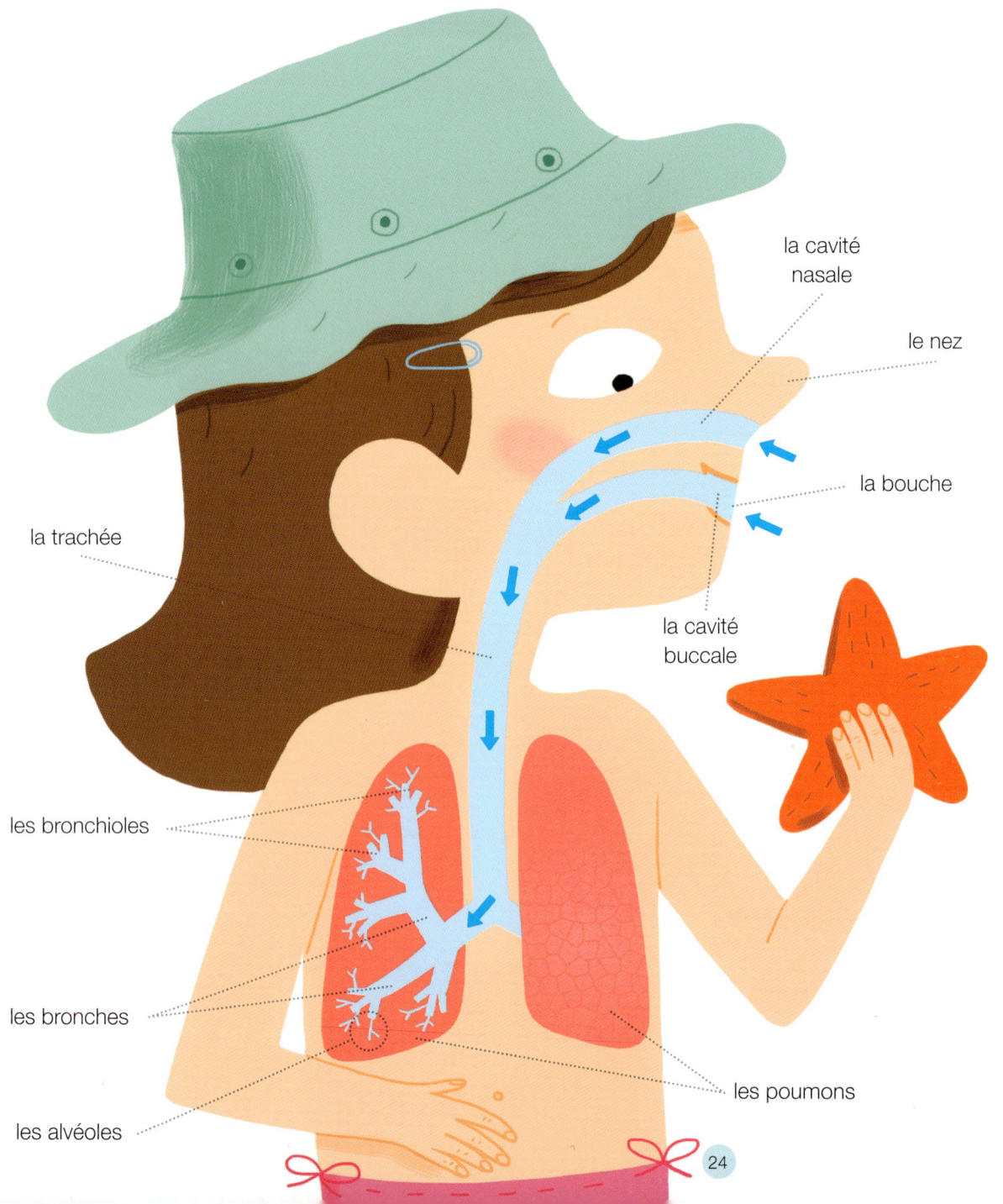

- la cavité nasale
- le nez
- la bouche
- la cavité buccale
- la trachée
- les bronchioles
- les bronches
- les alvéoles
- les poumons

les différentes respirations

être essoufflé

retenir son souffle

respirer par la bouche à cause d'un rhume

respirer à pleins poumons

souffler très fort

respirer doucement pour se calmer

À quoi
est-ce que ça sert de respirer ?

Quand tu inspires, tes poumons se gonflent d'air. Son oxygène passe dans ton sang par les petits sacs appelés alvéoles.

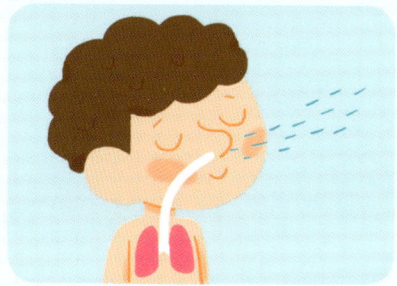

Quand tu expires, tes poumons se dégonflent. Tu fais alors sortir de l'air chargé d'un déchet fait par ton corps, le gaz carbonique.

Respirer, c'est tellement important que tu le fais sans y penser, même en dormant. C'est automatique !

L'activité physique 54
Les organes 86

🍏 Manger

Les aliments que tu avales suivent un long trajet dans ton corps. Pour se transformer en énergie, ils doivent être digérés.

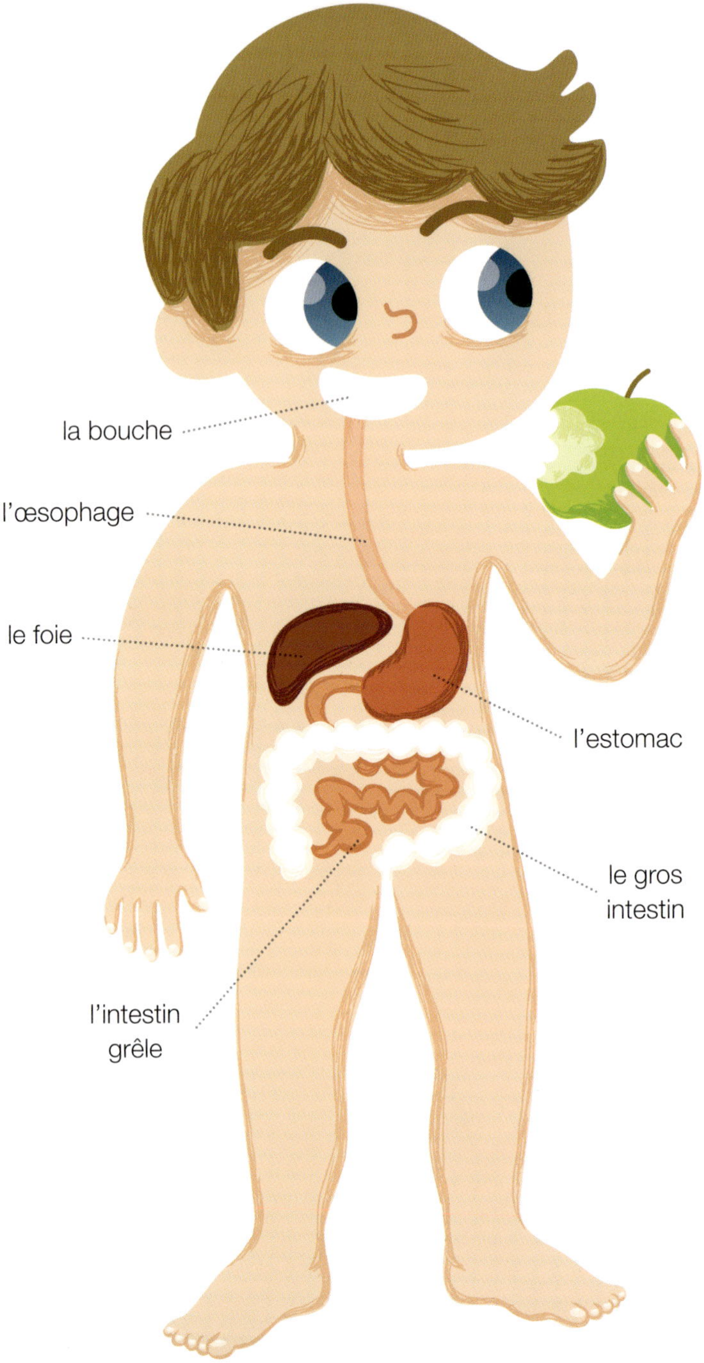

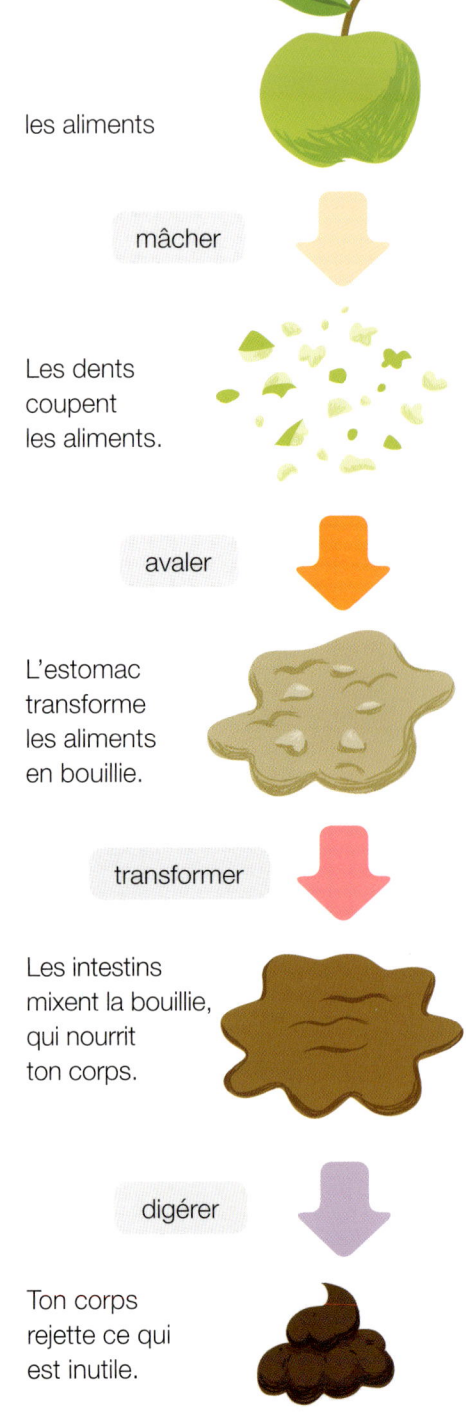

- la bouche
- l'œsophage
- le foie
- l'estomac
- le gros intestin
- l'intestin grêle

les aliments

mâcher

Les dents coupent les aliments.

avaler

L'estomac transforme les aliments en bouillie.

transformer

Les intestins mixent la bouillie, qui nourrit ton corps.

digérer

Ton corps rejette ce qui est inutile.

Boire

Notre corps contient beaucoup d'eau. Mais, chaque jour, nous en perdons une partie. Il faut la remplacer !

la respiration

l'urine

la transpiration

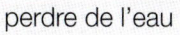

perdre de l'eau

l'eau des aliments

la boisson

reconstituer les réserves

Pourquoi est-ce qu'on fait pipi ?

Nos reins ressemblent à deux gros haricots. Ils ont un rôle très important : nettoyer notre corps de ses déchets.

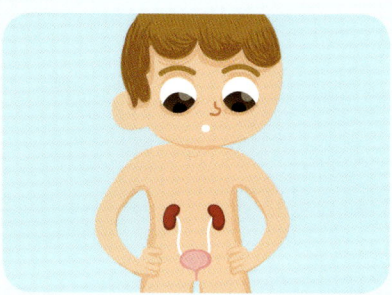

Les reins éliminent aussi l'eau en trop du corps. Cette eau et les déchets mélangés forment l'urine, que tu appelles le pipi.

L'urine reste dans une poche, la vessie. Quand elle commence à être remplie, on a envie d'aller la vider aux toilettes !

À table ! **56**
Les signaux du corps **66**

Dormir

Le soir, on se glisse dans son lit pour dormir toute la nuit, avant de recommencer une nouvelle journée...

les moments de la nuit

avoir les yeux qui picotent

bâiller

dormir profondément

rêver

s'agiter dans son sommeil

faire un cauchemar

Pourquoi faut-il dormir ?

Dans la journée, tu vis plein de choses qui te demandent de l'attention, de la mémoire, de l'énergie…

Le soir, le cerveau et les muscles sont très fatigués. Vite, au lit ! Dormir va leur permettre de se reposer.

Le sommeil, c'est très important pour les enfants. Tu dois dormir assez pour être en forme, mais aussi pour bien grandir !

Penser et agir 30

Penser et agir

Dans notre tête se trouve le cerveau. Il envoie des messages au corps et lui permet de faire plein de choses…

Est-ce que le cerveau s'arrête quand on dort ?

garder l'équilibre

bouger

reconnaître les sons

imaginer

avoir de la mémoire

apprendre

31

Pendant la journée, ton cerveau travaille beaucoup. Il te permet de penser, de parler, mais aussi de voir, de respirer…

C'est pourquoi, heureusement, il ne s'arrête jamais ! Pendant le sommeil, il classe par exemple les événements de la journée passée.

On dit souvent que « la nuit porte conseil », car dormir aide aussi le cerveau à réfléchir et à trouver de nouvelles solutions !

Les handicaps mentaux et psychiques 78
Les organes 86

Voyons voir...

D'abord, on est un bébé, puis un enfant, un adulte, une personne âgée...
Avec ton doigt remets ces images dans l'ordre.

À quoi rêve la petite fille ?
De quoi a-t-elle peur dans son cauchemar ?

Parmi ces objets, lesquels aident les enfants à bien dormir ?

les jouets

la veilleuse

le verre

le livre d'histoires

le doudou

le cactus

32

Que se passe-t-il dans la tête de ces enfants ? Rends à chacun sa pensée !

Dans ta famille ou celle de tes copains, connais-tu une dame qui attend un bébé ?

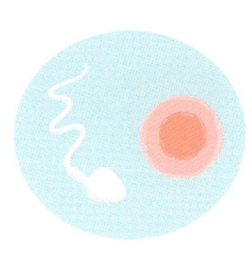  

As-tu déjà vu une échographie, l'image du bébé dans le ventre de sa maman ?
Es-tu déjà allé dans une maternité rendre visite à un nouveau-né ?
Quels sont tes prénoms préférés pour les bébés ?

Les cinq sens

Des yeux pour voir

Nos yeux font plein de choses : ils reçoivent la lumière, ils reconnaissent les couleurs, les formes et les mouvements des objets autour de nous.

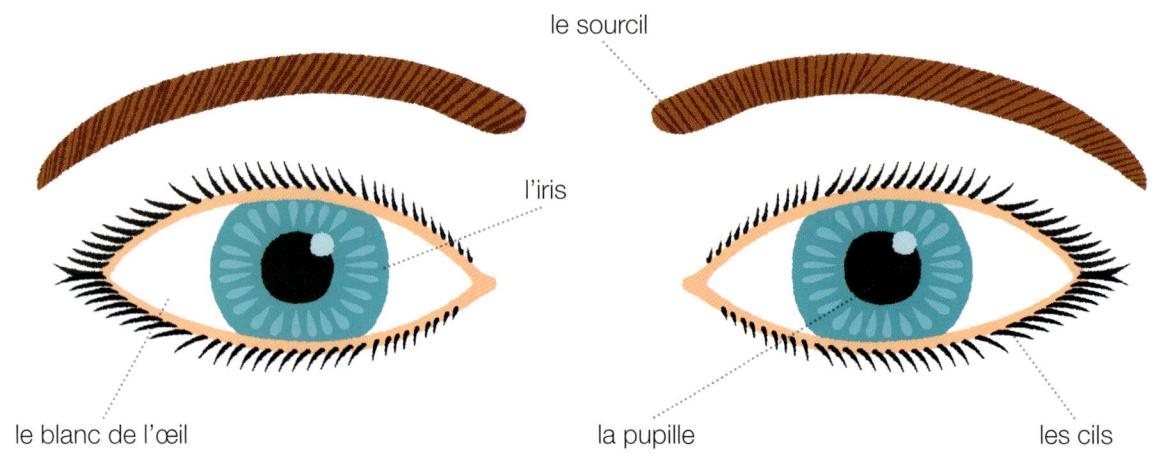

le sourcil

l'iris

le blanc de l'œil

la pupille

les cils

faire attention à ses yeux

porter des lunettes de soleil

ne pas jeter de sable

ne pas jouer avec des objets pointus

chez l'ophtalmologiste

a b c
d e f
C H I
- L M N -
l'échelle de vision
les lunettes d'essai
les verres
le patient
l'ophtalmologiste

chez l'opticien

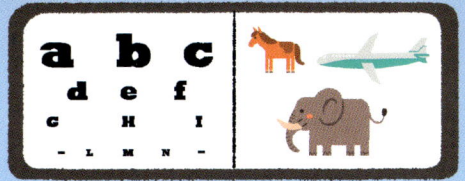

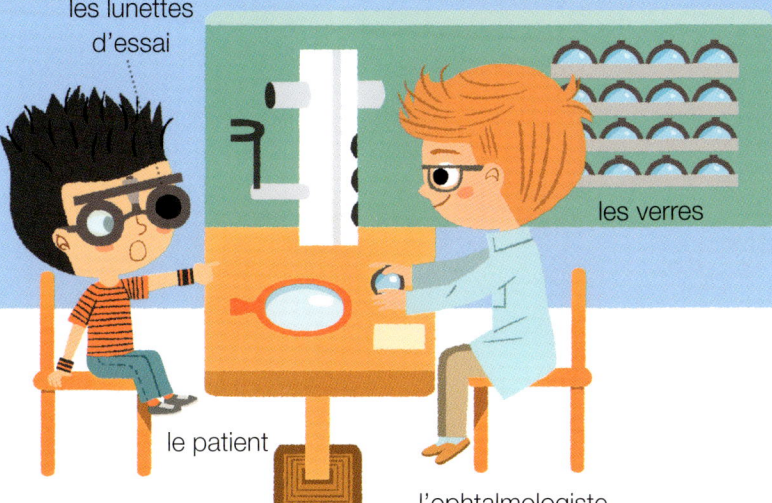

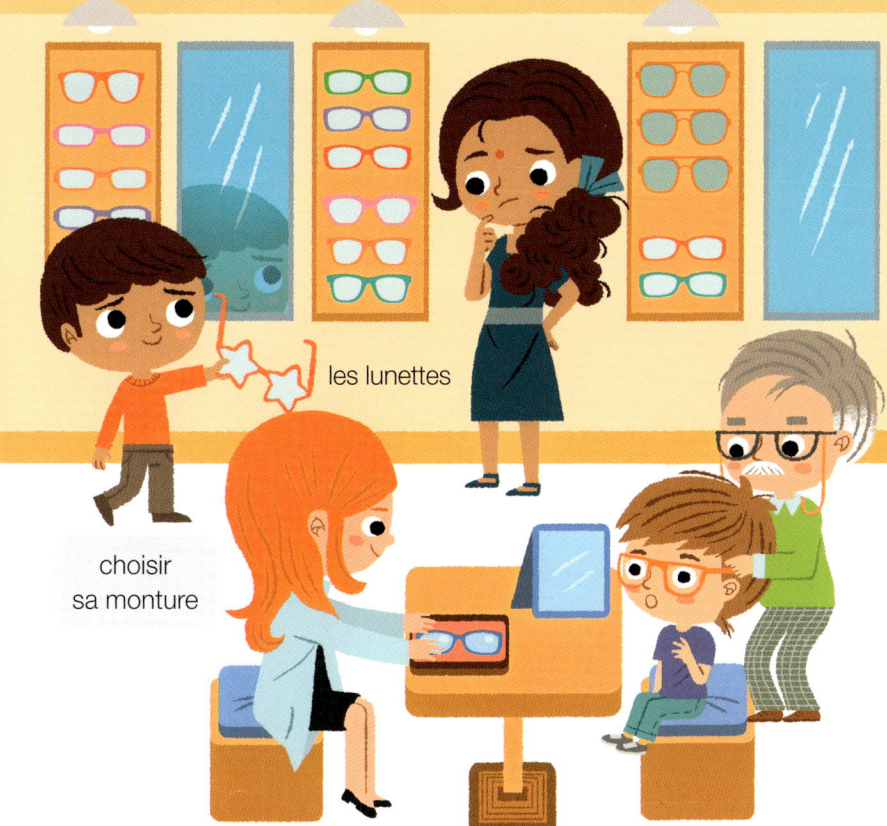

les lunettes
choisir sa monture
l'opticienne
faire des essayages

Comment répare-t-on les yeux quand ils marchent mal ?

Certains enfants ont un œil un peu faible. Pour le forcer à travailler, on cache l'autre œil, qui voit bien.

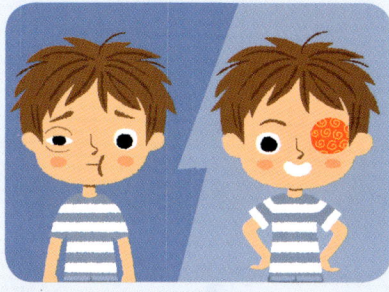

Cet enfant, lui, louche. Ses yeux ne regardent pas dans la même direction. Cela se soigne avec des lunettes, ou par une opération.

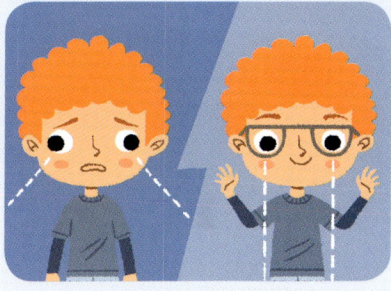

La myopie est aussi très courante : on voit flou les objets éloignés. Pour corriger ce défaut, on porte des lunettes.

? ? ?

Les handicaps sensoriels 76 b

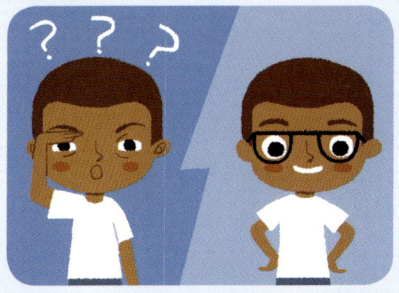

Des oreilles pour entendre

Les sons qui t'entourent vibrent à l'intérieur de tes oreilles. Ils sont forts, faibles, aigus, graves, mélodieux… ou encore gênants.

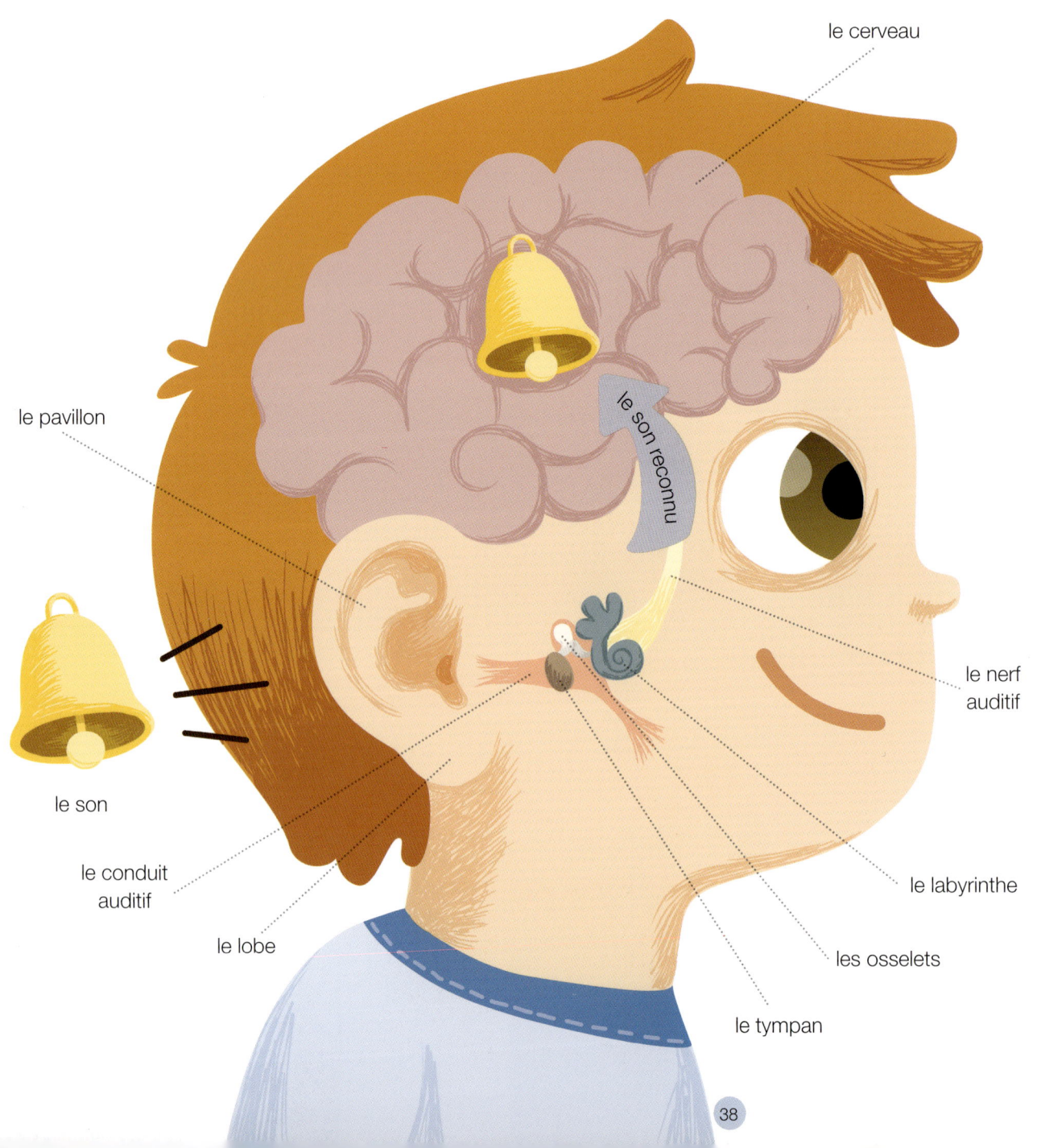

des sons aigus

- les cris d'enfant
- le triangle 
- le cri de la souris 

des sons graves

- la sirène de bateau
- la voix masculine 
- la contrebasse 

des sons agréables

- le ronronnement du chat
- le bruit des vagues 
- le chant des oiseaux 

des sons désagréables

- le Klaxon
- le marteau-piqueur 
- le grincement 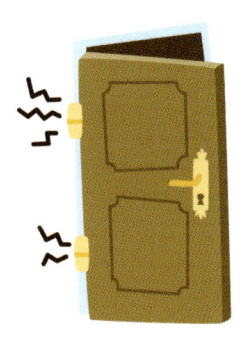

Pourquoi ne doit-on pas écouter la musique trop fort ?

Si tu écoutes la radio, la télé ou la musique trop fort, cela peut déranger les autres. Le son devient alors du bruit !

C'est aussi dangereux pour toi. Chaque fois que tu écoutes un son trop fort, tu abîmes un peu l'intérieur de tes oreilles.

Il faut corriger cette mauvaise habitude, pour ne pas devenir sourd sans s'en rendre compte, petit à petit...

Les handicaps sensoriels 76

La peau et le toucher

Sous la peau se trouvent de petits récepteurs qui permettent de sentir ce que l'on touche. C'est au bout des doigts qu'il y en a le plus.

le cactus piquant

le coussin mou

le miroir lisse

les glaçons froids

le radiateur chaud

le meuble dur

le linge mouillé

le pelage doux

les zones du corps les plus sensibles

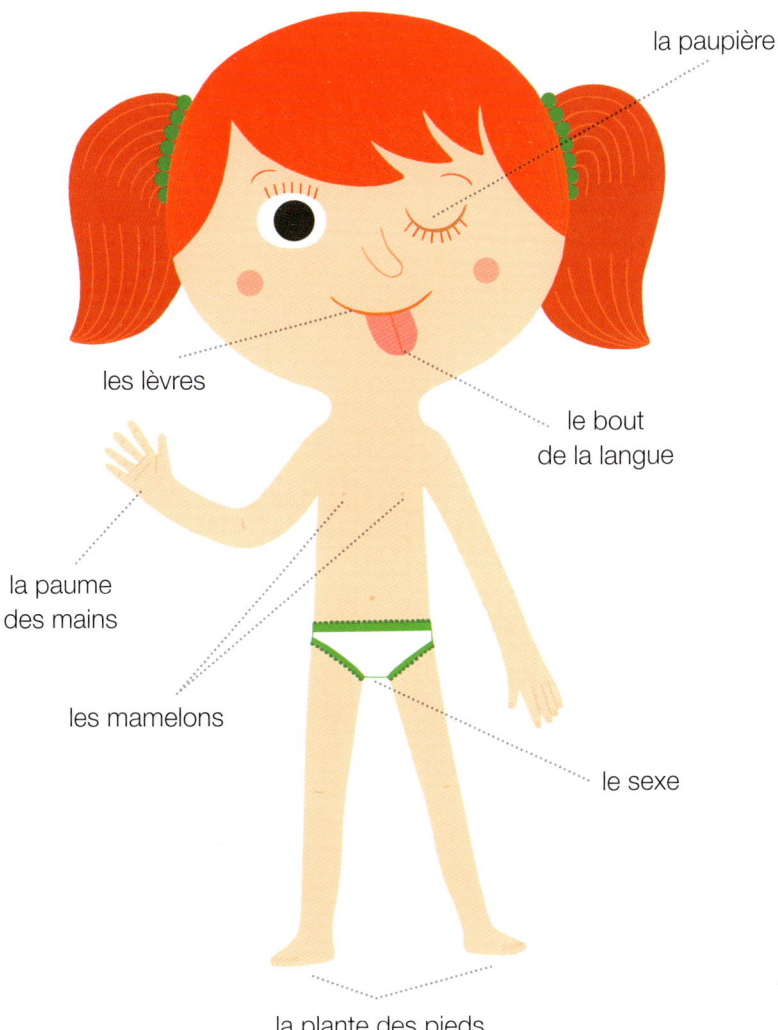

- la paupière
- les lèvres
- le bout de la langue
- la paume des mains
- les mamelons
- le sexe
- la plante des pieds

gros plan sur la peau

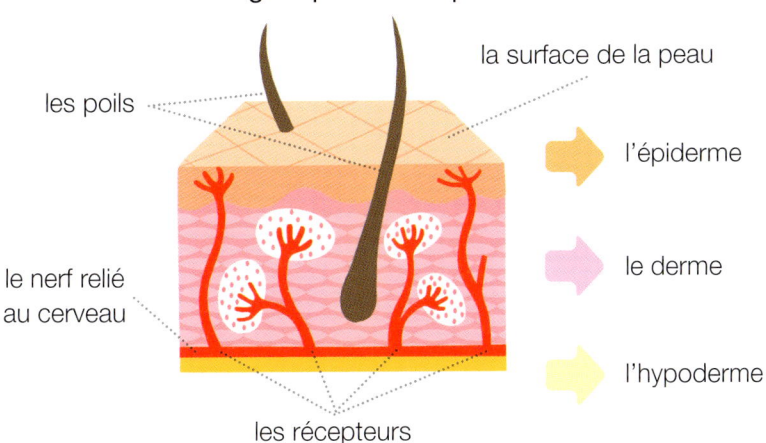

- les poils
- la surface de la peau
- l'épiderme
- le derme
- l'hypoderme
- le nerf relié au cerveau
- les récepteurs

Pourquoi a-t-on la chair de poule ?

Un petit vent frais se lève… Brrr ! Tes récepteurs sensibles au froid sentent le changement de température et réagissent.

Le cerveau donne alors l'ordre au muscle qui se trouve à la base de chaque poil de le lever tout droit. C'est ça, la chair de poule.

L'ensemble des poils hérissés crée une couche d'air destinée à garder la chaleur de ton corps, comme un pull !

Les handicaps sensoriels 76
Les parties du corps 82

41

Un nez pour sentir

Nous captons les odeurs grâce à notre nez. Nous sommes capables d'en reconnaître des milliers, bonnes ou pas !

le cerveau

le nerf olfactif

les cils olfactifs

la cavité nasale

l'odeur reconnue

la narine

les particules odorantes

le parfum

les bonnes odeurs

la rose 　　　le pain chaud 　　　le linge propre

les mauvaises odeurs

la poubelle 　　　la crotte de chien 　　　les chaussettes sales

les odeurs qui piquent

la moutarde 　　　l'oignon 　　　le poivre

les odeurs toxiques

les gaz d'échappement 　　　la cigarette 　　　les produits d'entretien

Pourquoi n'a-t-on pas de goût quand on a le nez bouché ?

La cavité nasale et le fond de la gorge sont reliés. Quand tu mâches un aliment, ses saveurs remontent aussi dans ton nez !

Mais si on se bouche le nez, cela empêche les saveurs de circuler, et on sent moins bien le goût de ce que l'on mange...

Quand tu as un rhume, c'est pareil. Tu perds le goût des aliments. C'est agaçant, mais il reviendra quand tu seras guéri !

Une bouche pour goûter 44

😋 Une bouche pour goûter

Nous goûtons les aliments avec la langue. Mais c'est l'odeur qui remonte dans le nez qui nous permet de les reconnaître.

le cerveau

la cavité nasale

les papilles

le goût reconnu

la langue

la cavité buccale

c'est sucré

c'est salé

c'est acide

c'est amer

c'est piquant

c'est brûlé

c'est insipide

c'est frais

c'est collant

Pourquoi tes parents disent-ils qu'il faut tout goûter ?

Fruits, légumes, céréales, viandes, poissons… Il existe une infinité d'aliments et de recettes de cuisine. Que de saveurs !

Manger, c'est un plaisir. Pour savoir si un plat te plaît un peu, beaucoup… ou pas du tout, tu dois d'abord le goûter !

Les goûts changent avec l'âge. On peut ne pas aimer un aliment, et l'apprécier plus tard. N'hésite pas à goûter de nouveau !

Manger **26**
Un nez pour sentir **42**

Voyons voir...

Que font ces enfants ? Quels sens utilisent-ils ?

Regarde cette image. Avec ton doigt, montre ce qui est piquant, ce qui est chaud, ce qui est mouillé.

Parmi ces odeurs, quelles sont celles que tu aimes ? Peux-tu penser à d'autres odeurs qui te plaisent beaucoup ?

| l'oignon |  la crotte de chien |  le pain chaud |  la cigarette |  la rose |

Voici des aliments que tu connais sans doute.
Peux-tu montrer les aliments salés ? Les aliments sucrés ?

| les pâtes |  la pomme |  le fromage |  les poissons et les crustacés |

| le gâteau |  la cuisse de poulet |  le yaourt aux fruits |

Tu peux reconnaître beaucoup d'objets
ou de situations à leur bruit caractéristique.
Il y a sans doute de nombreux sons
que tu reconnais immédiatement : lesquels ?
Est-ce qu'ils sont agréables ? Inquiétants ?

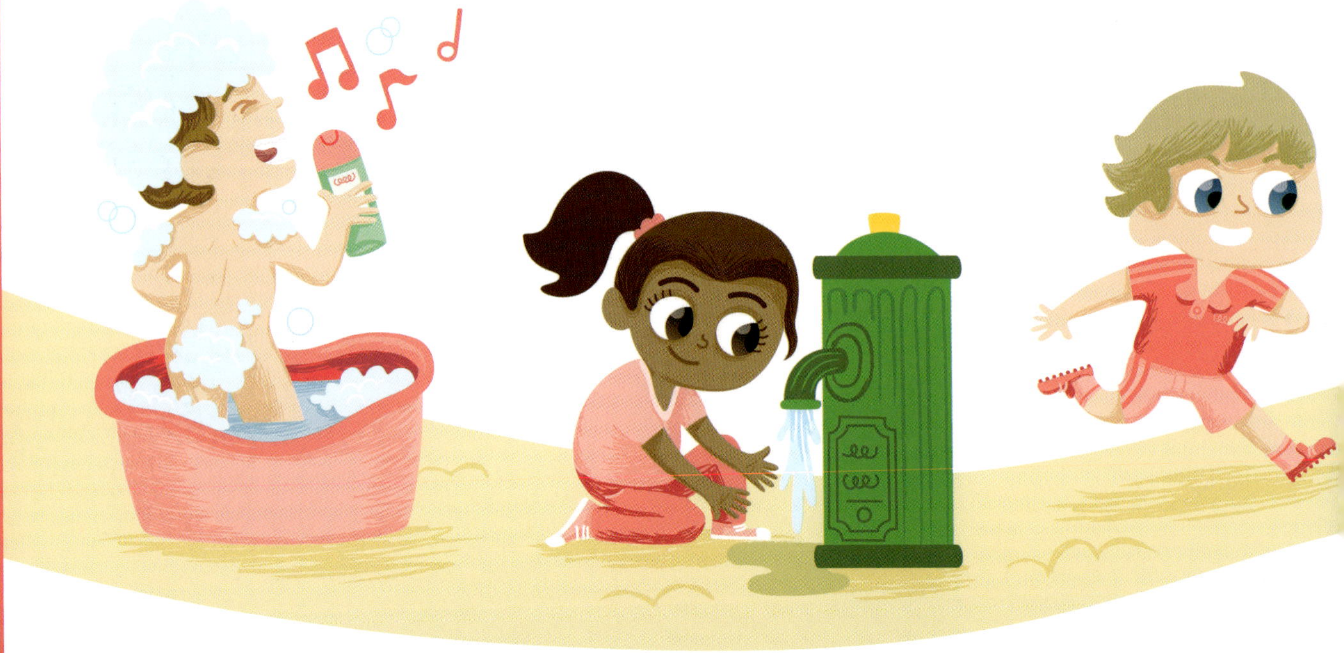

Prendre soin de son corps

Tout propre !

Chaque jour, on se salit, on transpire...
Pour enlever les impuretés, il faut se laver !

- le sèche-cheveux
- les Coton-Tige
- le peigne
- les mouchoirs
- le shampoing
- le robinet
- la brosse à ongles
- le miroir
- les brosses à dents
- le dentifrice
- le lavabo
- le savon
- le verre à dents
- se coiffer
- se brosser les dents
- la poubelle
- le bain moussant
- se laver les cheveux
- la baignoire
- les vêtements propres

le sèche-serviette

la cabine de douche

le gel douche

se laver partout

la serviette de bain

le tapis de bain

se sécher

la panière à linge sale

Que se passe-t-il si on ne se lave pas ?

Parfois, tu n'as pas envie d'aller dans le bain. Mais de la saleté s'est installée sur ta peau et tes cheveux dans la journée.

Si on ne se lave pas les cheveux, ils deviennent gras. La couche de saleté sur la peau, elle, finit par sentir mauvais.

En te lavant, tu élimines aussi les microbes, qui peuvent donner des maladies. N'est-ce pas agréable de sentir bon ?

Des mains nettes **52**
Chez le dentiste **59**

🧼 Des mains nettes

Certains objets que nous touchons ne sont pas très propres. C'est pour cela qu'il est important de se laver les mains souvent.

Lave-toi les mains avant de

passer à table

toucher un bébé

être allé aux toilettes

avoir joué dehors

Lave-toi les mains après

avoir caressé un animal

avoir éternué

Bien se laver les mains

mouiller ses mains et ses poignets

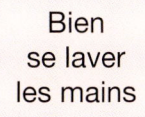

faire mousser le savon partout sur les mains et entre les doigts

bien rincer

bien sécher

Pourquoi faut-il se couper les ongles ?

Tes parents te coupent régulièrement les ongles. Ça ne fait pas mal du tout, et ça t'aide à les garder propres.

Les microbes et les virus, qui donnent des maladies, adorent se cacher dans les petits coins... par exemple sous les ongles !

Alors, quand tu te laves les mains ou quand tu prends ton bain, pense à les nettoyer avec une brosse à ongles.

Tout propre ! **50**
Les petites maladies **68**

L'activité physique

Jouer en plein air, bouger, faire du sport, c'est amusant. En plus, c'est bon pour le corps et pour la tête !

- se reposer après l'effort
- réfléchir
- bien s'hydrater
- travailler son équilibre
- apprendre à viser
- apprendre à maîtriser sa force
- échauffer ses muscles avant l'effort
- améliorer son souffle
- muscler ses jambes
- s'entraîner à être rapide

Pourquoi le cœur bat-il plus vite quand on fait de l'exercice ?

Nos muscles utilisent un gaz transporté par le sang, l'oxygène. C'est le cœur qui pompe le sang pour l'envoyer dans le corps.

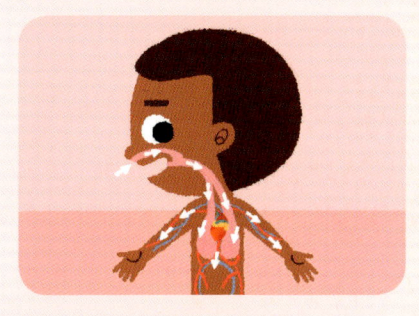

Plus ils bougent, plus nos muscles ont besoin d'oxygène : le sang doit alors circuler plus vite et le cœur battre plus vite !

Le cœur est un muscle : comme les autres il doit s'entraîner pour bien fonctionner. Le sport, c'est bon pour lui aussi.

surmonter ses peurs

apprendre à flotter

jouer en équipe

être fier de réussir

étirer ses muscles après l'effort

travailler sa souplesse

Les signaux du corps **66**
Le système sanguin **87**

À table !

Pour bien grandir et être en bonne santé, il faut se nourrir correctement. En suivant quelques règles, c'est facile !

prendre un petit déjeuner complet

déjeuner en mangeant des aliments variés

prendre un goûter équilibré

prendre un bon dîner

boire de l'eau plutôt que des boissons sucrées

ne pas grignoter entre les repas

Qu'est-ce que ça veut dire, être allergique ?

les fruits

l'eau

les produits laitiers

ils sont bons pour toi

les légumes

les poissons et crustacés

le pain

les œufs

les viandes

le riz

les pâtes

les sodas

les chips

les biscuits

on peut en manger, mais pas trop

les glaces

les frites

les bonbons et les confiseries

Quand notre corps entre en contact avec une chose nouvelle, il l'analyse. Est-elle sans danger pour lui ?

Parfois, le système de défense du corps se trompe. Il réagit comme si un aliment était son ennemi : c'est ça, l'allergie.

Allergique aux œufs, au lait, au kiwi ? Défense absolue d'en manger, car cela peut être très grave pour la santé !

Manger 26
Boire 27

De belles dents

Avoir un joli sourire, c'est agréable. Et avoir de bonnes dents, cela permet de bien mâcher et donc de bien digérer les aliments !

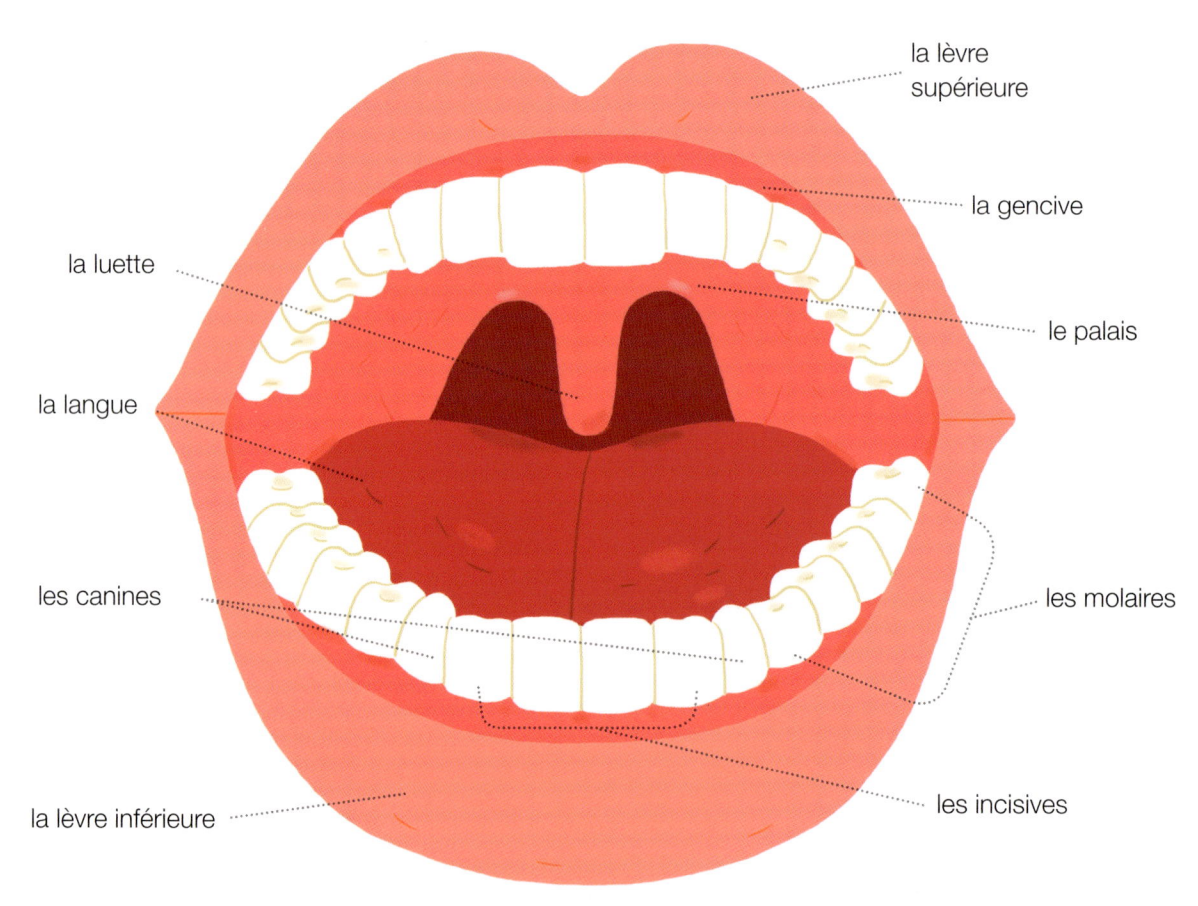

- la lèvre supérieure
- la gencive
- le palais
- les molaires
- les incisives
- la luette
- la langue
- les canines
- la lèvre inférieure

les dents des enfants

les premières dents

la perte des dents de lait

l'appareil dentaire

Chez le dentiste

Le dentiste examine et soigne les dents. Il faut aller le voir régulièrement !

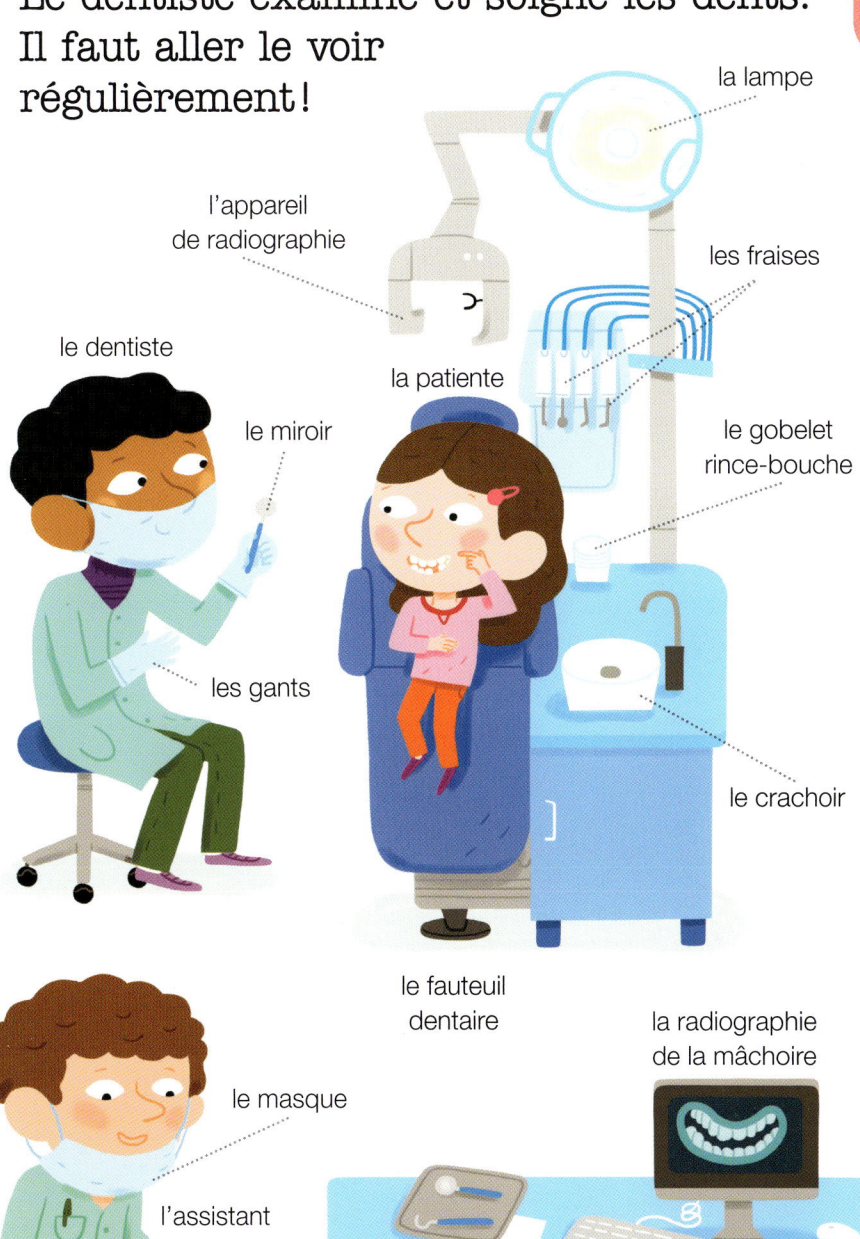

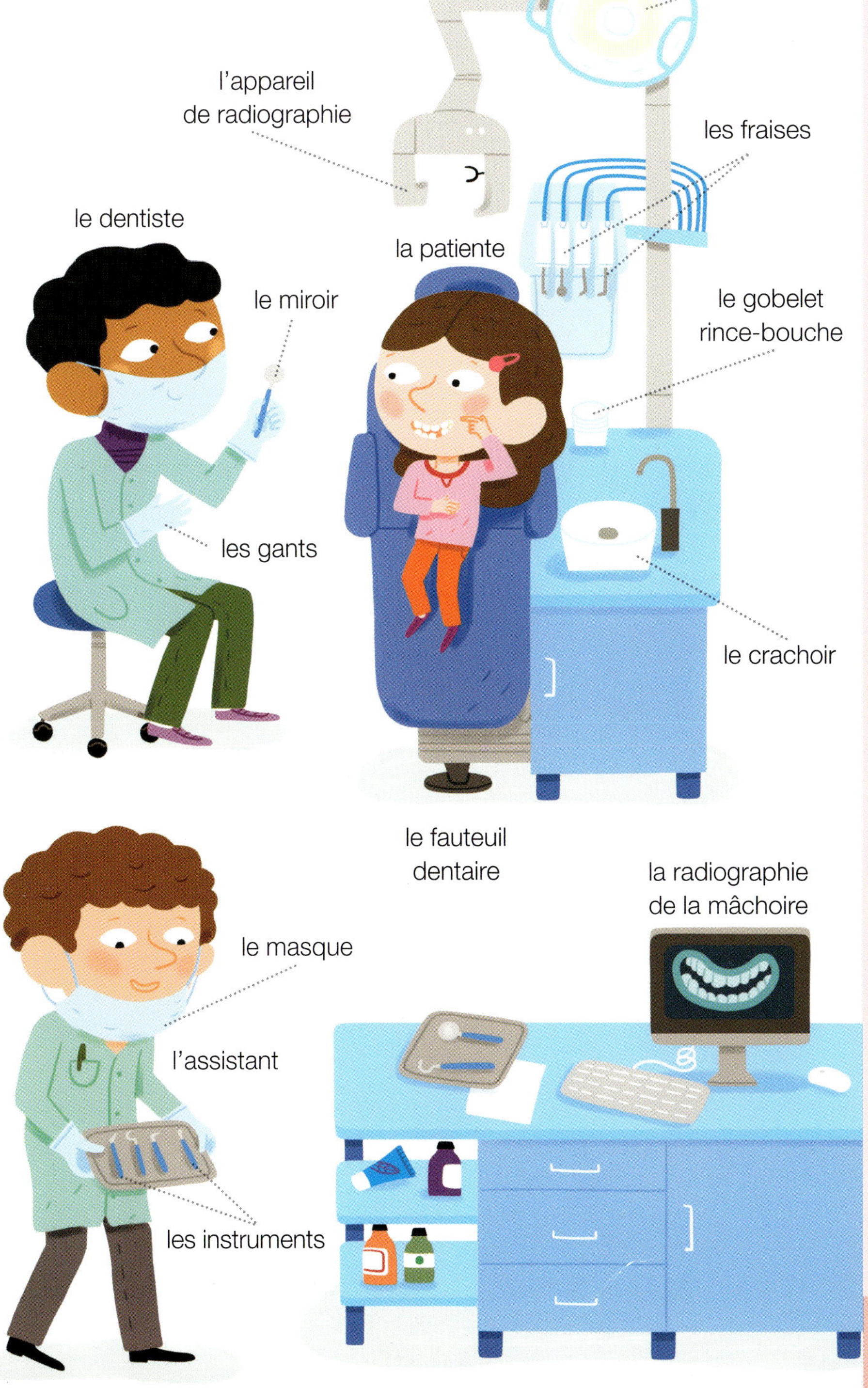

- la lampe
- l'appareil de radiographie
- les fraises
- le dentiste
- le miroir
- la patiente
- le gobelet rince-bouche
- les gants
- le crachoir
- le fauteuil dentaire
- la radiographie de la mâchoire
- le masque
- l'assistant
- les instruments

Qu'est-ce que c'est, une carie ?

Quand on mange, une fine couche de saletés reste sur les dents. Si on ne l'enlève pas, cette plaque dentaire attaque les dents.

La plaque fait fondre l'émail, la matière qui recouvre la dent. À force, cela fait un trou : une carie. Aïe, ça fait mal !

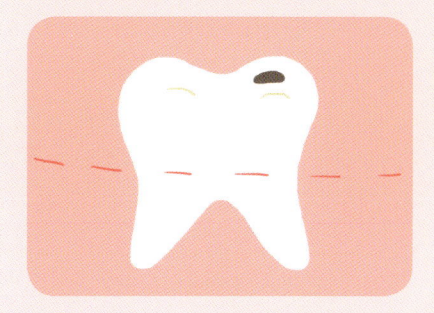

Le dentiste soigne les caries. Mais il peut surtout t'apprendre à te brosser correctement les dents, pour ne pas en avoir !

Manger 26
Tout propre ! 50

Voyons voir...

Quels aliments préfères-tu? Sais-tu lesquels il ne faut pas manger trop souvent?

les fruits — les sodas  — les fromages  — les bonbons et les confiseries — les viandes

De quoi as-tu besoin pour te laver les dents? Pour prendre ta douche?

le savon  — le ballon — le dentifrice — les brosses à dents — la poubelle

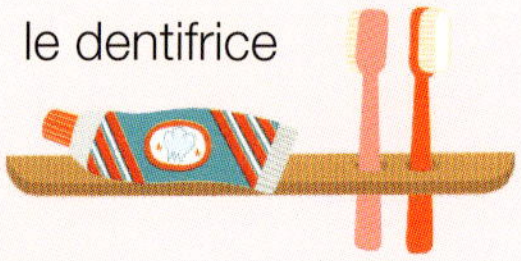

le peigne  — le pèse-personne  — les Coton-Tige

Aide cette petite fille à se laver les mains en remettant les images dans l'ordre.

Voici un drôle de cabinet de dentiste !
Il y a trois anomalies dans ce dessin.
Sauras-tu les retrouver ?

Pratiques-tu un sport ? Lequel ?
Préfères-tu les activités physiques
que l'on pratique seul ou en groupe ?
Dedans ou dehors ?

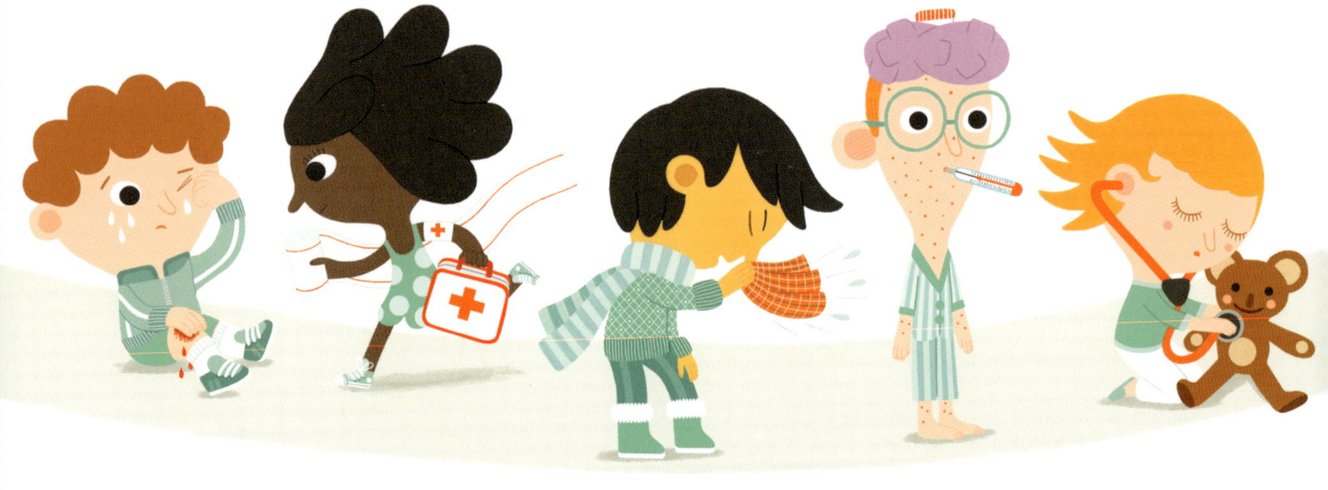

La santé

Les petits bobos

Il arrive souvent que l'on se blesse. Ce n'est pas grave, mais il faut vite se soigner !

la coupure

l'égratignure

l'épine dans le doigt

la griffure

la bosse

le bleu

le saignement de nez

l'ampoule

la piqûre d'insecte

la piqûre d'ortie

la brûlure légère

la poussière dans l'œil

La trousse de secours

À la maison ou en voyage, elle contient l'essentiel pour intervenir en cas de bobo.

- le savon antiseptique
- la pommade
- les pansements
- les gazes désinfectantes
- la pince à épiler
- le coton
- les ciseaux
- le thermomètre
- le sérum physiologique
- le sparadrap
- la bande de contention
- les gants
- les compresses

Comment soigne-t-on les bobos ?

Si tu te fais un bobo, dis-le à un adulte. Il pourra agir pour soulager la douleur et faire en sorte que la blessure guérisse vite.

Pour qu'une plaie ne s'infecte pas, il faut la nettoyer. Ensuite, on met un pansement, qui fait barrière aux microbes.

Quand on se fait mal, on pleure. Après avoir soigné le bobo, se faire consoler avec un câlin, ça fait aussi du bien !

Chez le docteur **70**
À l'hôpital **72**

Les signaux du corps

Parfois, notre corps nous joue des tours :
il produit des bruits, des odeurs,
de petites douleurs… Tout s'explique !

avaler
des bulles
d'air

roter

mal respirer
pendant
un effort

avoir
un point
de côté

avoir
une poussière
dans le nez

éternuer

manger trop
ou
trop vite

avoir
le hoquet

manger des aliments
qui font des gaz
dans l'intestin

péter

prendre une position
qui coupe la circulation
du sang

avoir des fourmis

avoir un muscle
qui se contracte
violemment

avoir
une crampe

Pourquoi vomit-on ?

Tu as mangé quelque chose que tu ne digères pas, tu as attrapé une petite maladie appelée gastro-entérite… Te voilà nauséeux.

Le centre du vomissement, situé dans le cerveau, envoie un ordre à ton estomac : renvoyer la nourriture en se contractant !

On ne peut pas décider de vomir ou pas. Ce n'est pas un moment très agréable, mais souvent on se sent mieux ensuite.

Manger **26**
L'activité physique **54**

Les petites maladies

Les virus et les bactéries sont de minuscules êtres vivants qui peuvent donner des maladies. Attention, certaines sont contagieuses !

l'otite
tu as une douleur
vive à l'oreille

la varicelle
tu as de petits boutons
rouges qui grattent

l'angine
tu as de la fièvre
et mal à la gorge

la gastro-entérite
tu as mal au ventre, envie
de vomir, de la diarrhée

la scarlatine
tu as mal à la gorge,
une grosse fièvre, des boutons

le rhume
tu as le nez bouché,
mal à la gorge, tu éternues
et tu tousses

la bronchite
tu as des difficultés à respirer, mal
à la poitrine, tu tousses et tu es fatigué

la grippe
tu as de la fièvre, mal à la tête,
des courbatures, tu es très fatigué

Qu'est-ce que c'est, la fièvre ?

Pour se protéger des microbes (virus et bactéries), notre corps possède des barrières : la peau, la salive, les cils du nez...

Si des microbes passent quand même, les globules blancs du sang les détruisent. Mais parfois, certains leur échappent.

Normalement, ton corps est à 37 °C. Sa température monte s'il fabrique beaucoup de globules blancs pour se défendre : c'est la fièvre !

utiliser des mouchoirs en papier et les jeter

mettre sa main devant la bouche quand on tousse ou on éternue

Pour ne pas contaminer les autres

se laver les mains souvent

ne pas boire dans le même verre

ne pas faire de bisous

Chez le docteur

Chez le docteur

Il examine les malades, leur pose des questions, leur fait faire des prises de sang ... pour trouver ce dont ils souffrent et les guérir.

prendre rendez-vous

la secrétaire médicale

les carnets de rendez-vous

la toise

l'armoire à pharmacie

le pèse-bébé

le pèse-personne

le pédiatre

le rouleau de papier

la seringue

le vaccin

la table d'examen

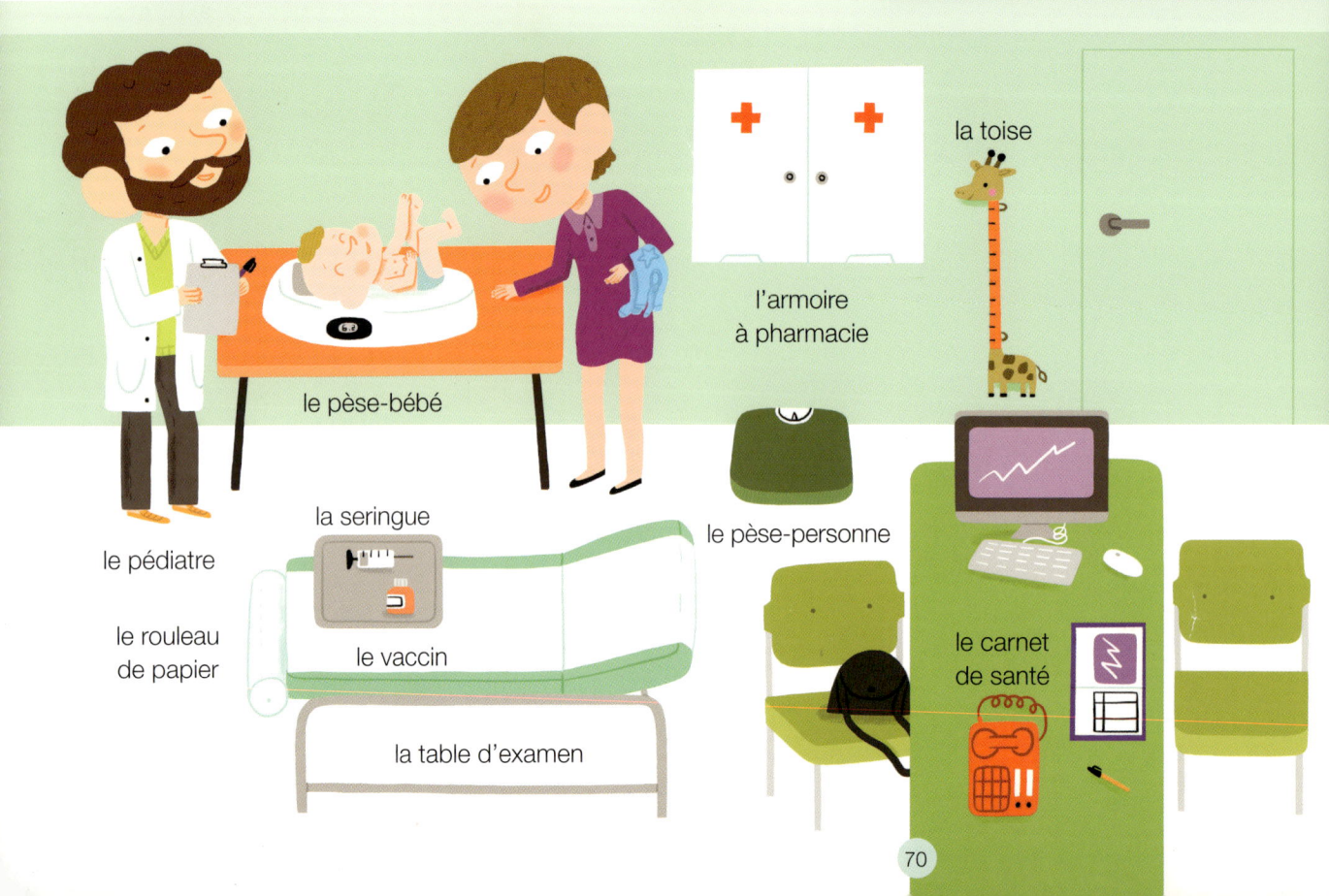

le carnet de santé

la salle d'attente

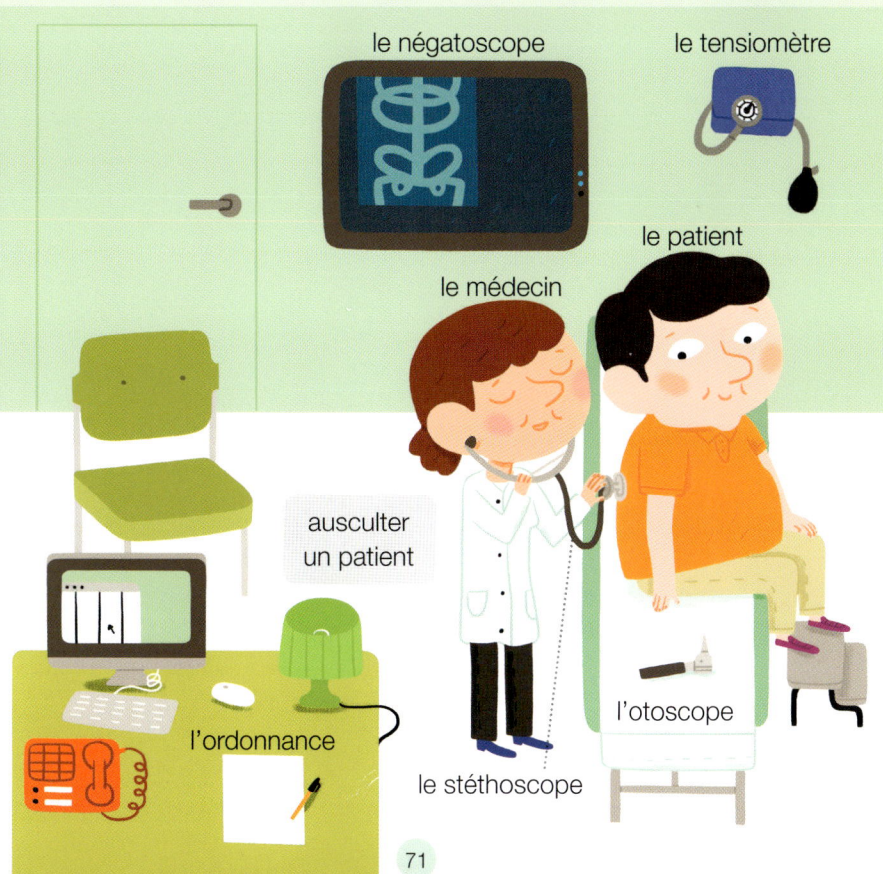

les magazines

les jouets

le négatoscope

le tensiomètre

le patient

le médecin

ausculter un patient

l'ordonnance

le stéthoscope

l'otoscope

Qu'est-ce que c'est, un pédiatre ?

Parmi les docteurs, il y a des spécialistes. L'ophtalmologiste soigne les yeux, le dermatologue les problèmes de peau…

Le pédiatre, lui, est le spécialiste des enfants. Il s'occupe de la santé de ses jeunes patients de leur naissance à 18 ans.

Il est là pour soigner leurs petites maladies. Mais aussi pour surveiller leur croissance, leur alimentation, les vacciner…

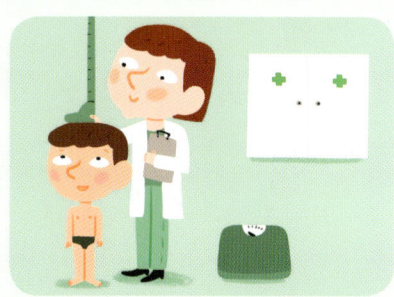

Les petites maladies **68**
À l'hôpital **72**

H À l'hôpital

Quand on a un accident, quand on doit se faire opérer, il faut aller à l'hôpital. C'est là aussi que naissent les bébés !

la radiographie

le patient

le docteur

les consultations

le bureau des admissions

la boutique

le hall

le distributeur

la cafétéria

l'accueil

l'infirmier
l'ambulance
le brancard

l'interne
l'infirmière
le chirurgien
le box des soins
la salle d'opération
l'anesthésiste

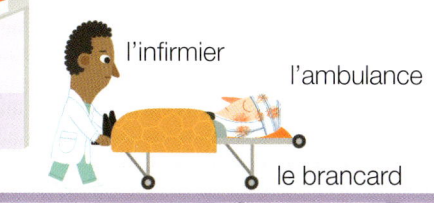

les urgences

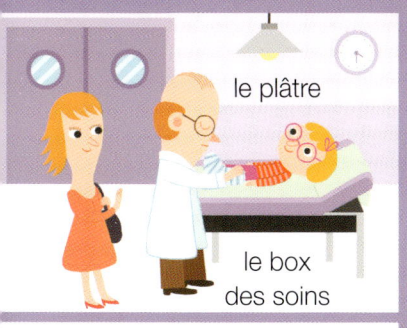

le plâtre
le box des soins
la salle d'accouchement

les chambres

la perfusion
la visite du docteur

la maternité
le plateau-repas
l'aide-soignante
la rampe d'accès

Pourquoi
ça fait peur, d'aller à l'hôpital ?

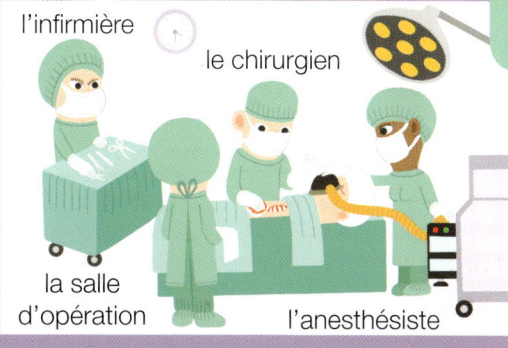

On est parfois inquiet d'aller à l'hôpital parce qu'il est grand, que l'on ne connaît pas les gens et que l'on a peur d'avoir mal…

Pourtant, les aides-soignants, les infirmiers et les docteurs sont tous gentils et attentifs. Et souvent, on reste peu de temps.

Les parents aussi sont là! Et pour se rassurer et ne pas s'ennuyer, on a le droit d'emmener son doudou et ses jouets préférés.

Un nouveau bébé **20**

73

🦽 Les handicaps moteurs

Les personnes souffrant d'un handicap moteur ont du mal à se déplacer ou ne peuvent pas bouger certaines parties de leur corps.

- apprendre à saisir un objet
- la prothèse
- l'ergothérapeute
- la kinésithérapeute
- le corset
- le massage
- la salle de rééducation
- être amputé d'une jambe
- avoir les jambes paralysées
- les béquilles
- le fauteuil roulant
- l'escalier d'angle
- marcher avec une canne
- avoir une maladie qui déforme les os
- le déambulateur
- le tapis de marche
- la minerve

la rééducation en piscine

la psychomotricienne

l'espalier

le fauteuil électrique

s'entraîner à tenir debout

le plateau d'équilibre

avoir les quatre membres paralysés

souffrir d'une malformation qui fait boiter

le centre de rééducation

la rampe d'accès

la voiturette électrique

D'où viennent les handicaps ?

Parfois, on a un handicap de naissance. Une personne peut par exemple naître avec un membre en moins.

On peut aussi avoir un handicap après un gros accident. Parfois cela dure seulement un peu, mais parfois c'est pour toute la vie.

Certains handicaps sont aussi dus à une maladie. Les myopathies, par exemple, détruisent peu à peu les muscles.

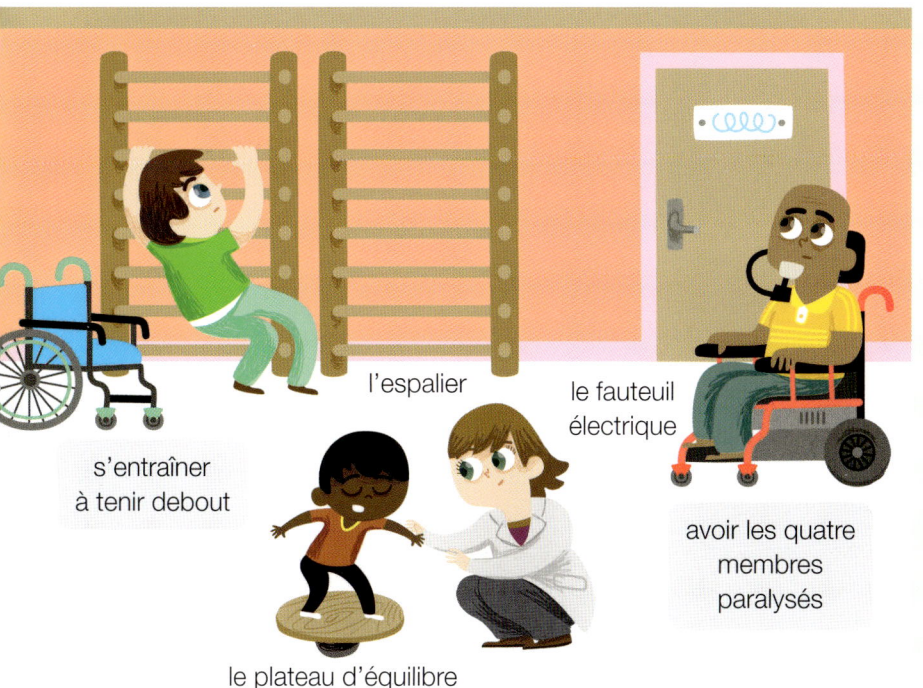

Les handicaps sensoriels 76
Les handicaps mentaux et psychiques 78

b Les handicaps sensoriels

Les personnes qui sont malvoyantes ou aveugles, malentendantes ou sourdes, souffrent d'un handicap sensoriel.

la surdité

ne pas entendre

communiquer en langue des signes

maison

l'interprète

la personne entendante

la personne sourde

communiquer avec un interprète

[che]

apprendre avec un orthophoniste

entendre avec des prothèses auditives

entendre avec un implant cochléaire

la cécité

l'alphabet Braille

le livre en braille

ne pas voir

le livre audio

utiliser le toucher pour reconnaître un visage

la canne blanche

le chien d'aveugle

Est-ce que les enfants handicapés vont à l'école ?

Handicapés ou non, tous les enfants ont le droit d'aller à l'école pour apprendre. C'est la loi, et c'est très bien ainsi !

Pour lui rendre les choses plus faciles à l'école, l'enfant handicapé est parfois aidé par un auxiliaire de vie.

En plus ou à la place, d'autres enfants sont inscrits dans des écoles spécialisées, comme cet institut pour les jeunes aveugles.

Des yeux pour voir **36**
Des oreilles pour entendre **38**

Les handicaps mentaux et psychiques

Dès la naissance ou après une maladie, on peut souffrir d'un handicap qui empêche de bien comprendre ou de communiquer.

apprendre à son rythme

l'auxiliaire de vie scolaire

les amis

l'enfant trisomique

être fier d'arriver à faire comme les autres

Est-ce que le handicap se soigne ?

Lundi 14 Septembre

avoir du mal à rester concentré

réconforter un enfant très émotif

l'éducateur spécialisé

l'enfant autiste

avoir du mal à communiquer avec les autres

Cette dame accidentée retrouvera l'usage de sa jambe avec le temps. Son handicap n'est pas définitif.

Ce garçon, lui, souffre d'un handicap mental depuis qu'il est bébé. Il le gardera toute sa vie.

Même si son handicap ne se soigne pas, des personnes sont là pour l'aider. Et il apprendra petit à petit !

Avec les autres 14
Penser et agir 30

Voyons voir...

Qu'est-il arrivé à ces enfants ?
Et toi, t'es-tu déjà fait de petits
bobos ? Qui t'a consolé ?

Il y a cinq différences entre ces deux images.
Peux-tu les retrouver ?

L'un de ces personnages n'entend pas bien. À ton avis, lequel ?
Comment as-tu deviné ?

Il existe de nombreux métiers liés
au corps et à la santé.
Les connais-tu ? Et toi ?
Quel travail voudrais-tu faire plus tard ?

Les parties du corps

la tête
les cheveux
le visage
le cou
l'épaule
le mamelon
le poignet
le bras
le ventre
le sexe
la cuisse
le genou
la cheville
le pied

la nuque
la main
le coude
le dos
les fesses
le mollet
le talon

la main

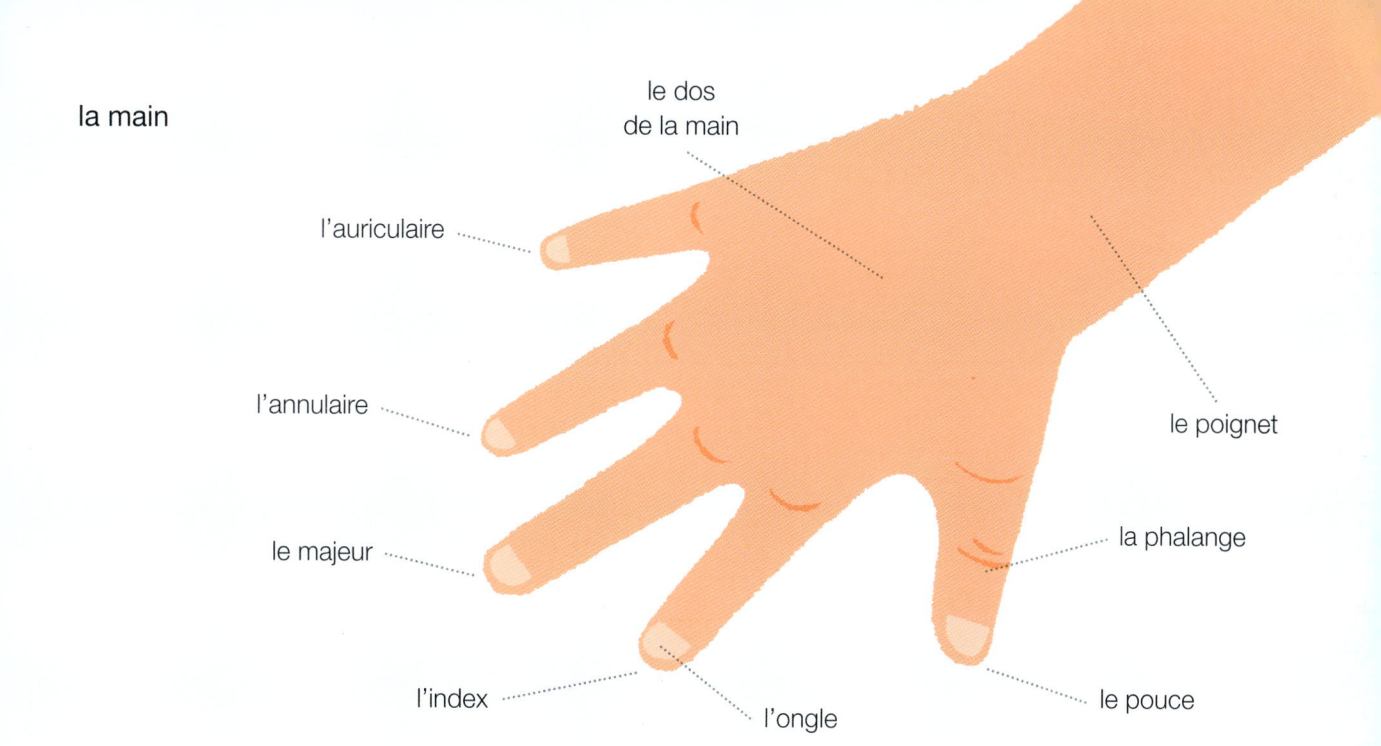

- le dos de la main
- l'auriculaire
- l'annulaire
- le majeur
- l'index
- l'ongle
- le pouce
- la phalange
- le poignet

la tête

- le front
- le sourcil
- l'oreille
- le nez
- la pommette
- la bouche
- la lèvre
- la langue
- le menton
- la dent
- la joue
- l'œil
- les cils
- la tempe

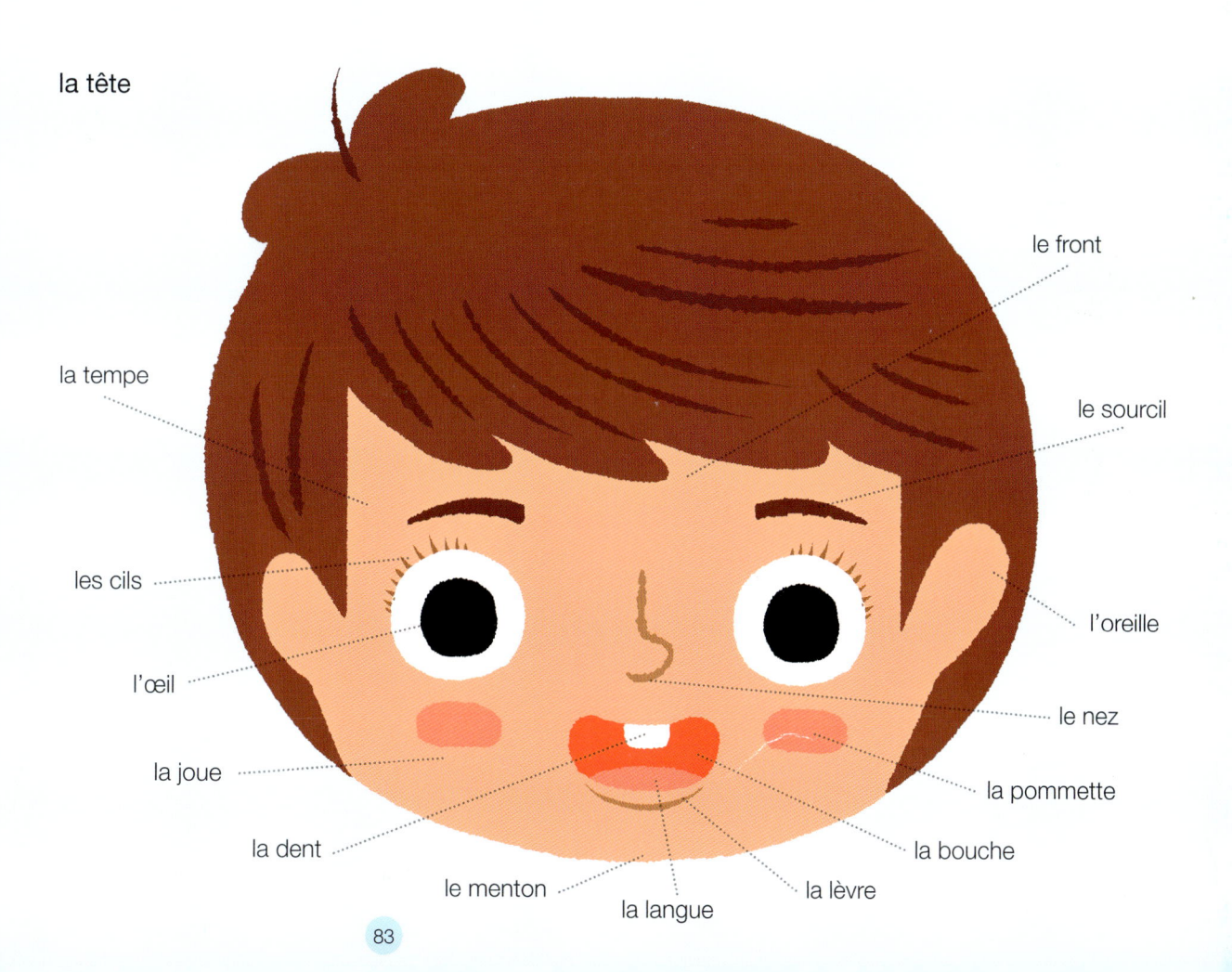

💪 Les muscles

le frontal

le trapèze

le triceps

le deltoïde

les pectoraux

le grand dorsal

le grand fessier

les biceps

les abdominaux

les quadriceps

Les muscles font bouger le corps.

Le squelette

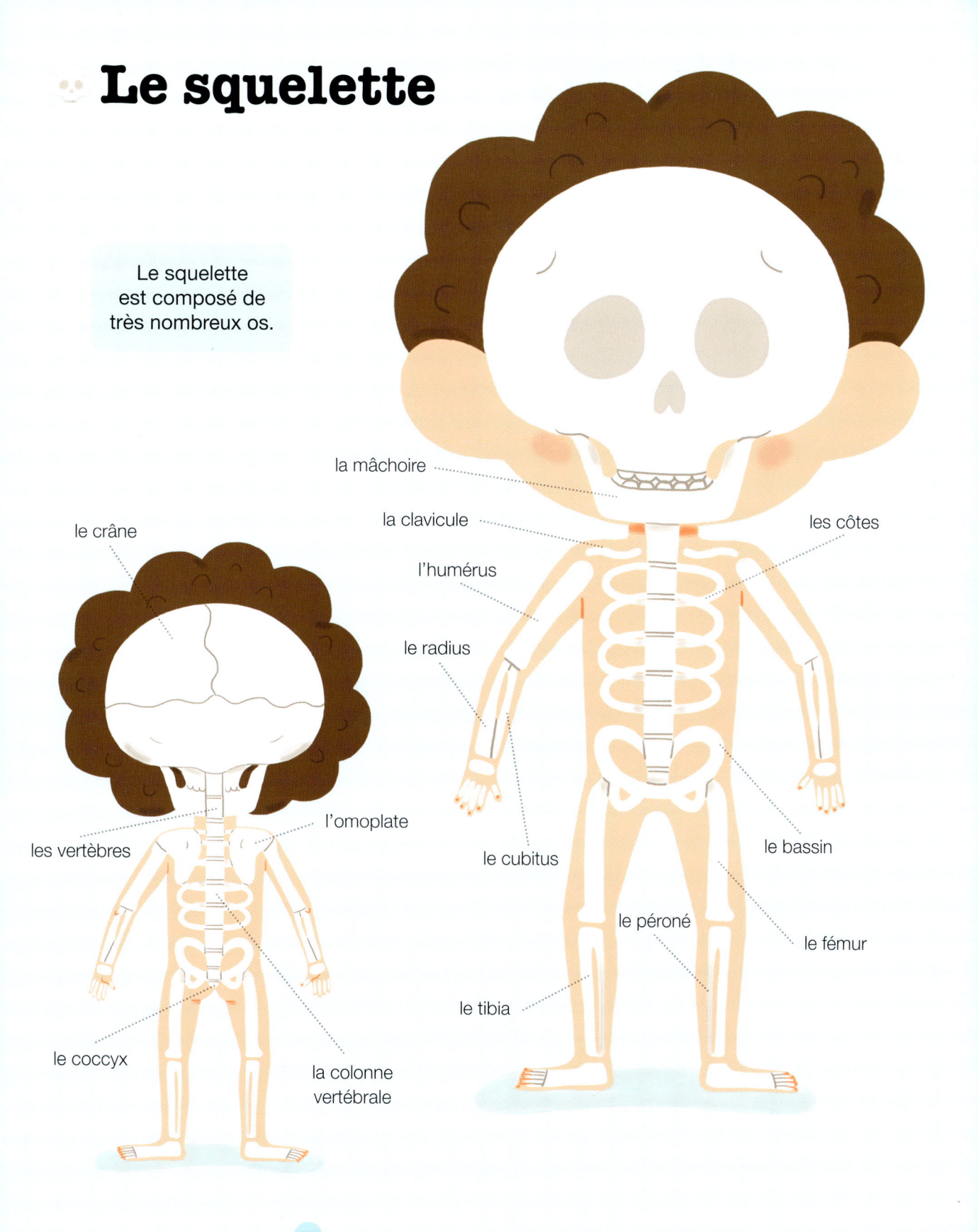

Le squelette est composé de très nombreux os.

- le crâne
- les vertèbres
- le coccyx
- la mâchoire
- la clavicule
- l'humérus
- le radius
- l'omoplate
- le cubitus
- la colonne vertébrale
- les côtes
- le bassin
- le péroné
- le fémur
- le tibia

Les organes

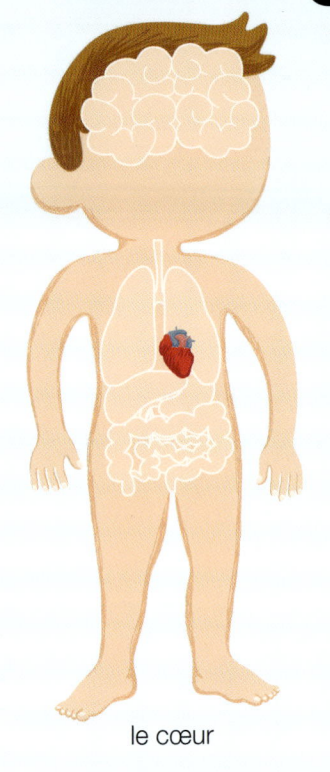

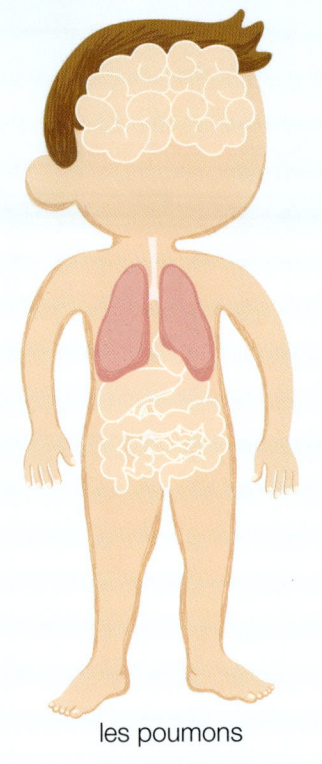

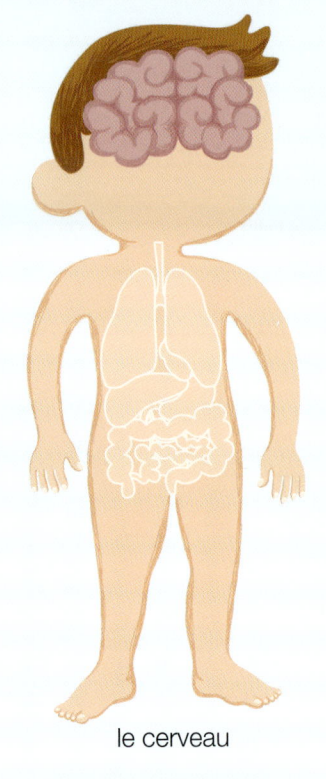

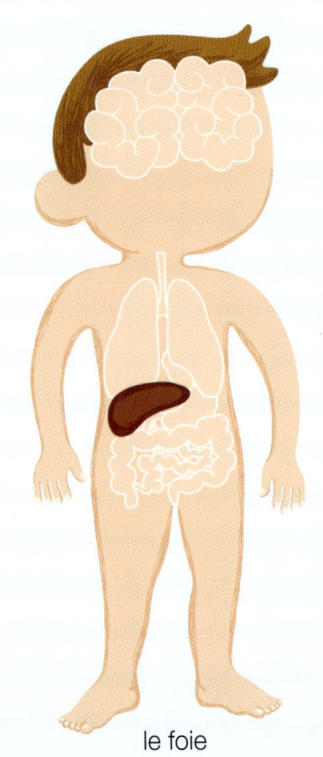

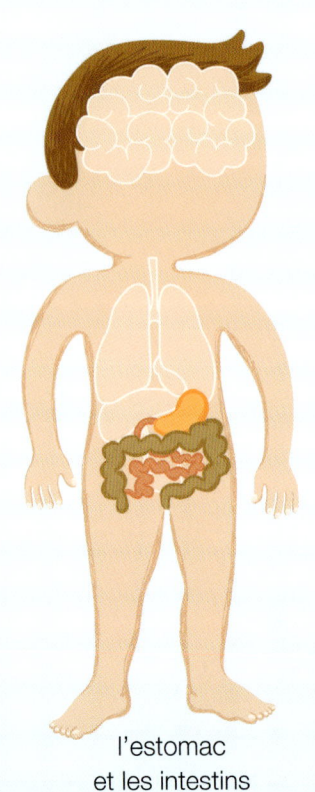

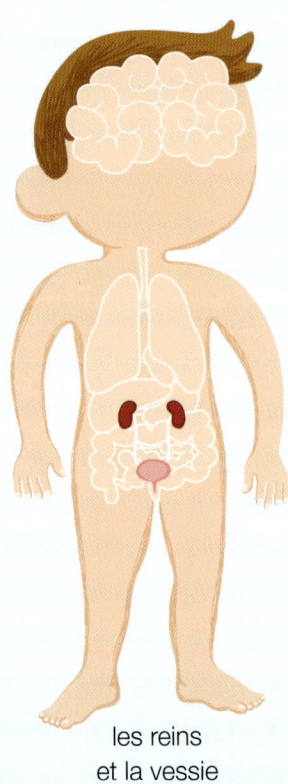

| le cœur | les poumons | le cerveau |

| le foie | l'estomac et les intestins | les reins et la vessie |

Le système sanguin

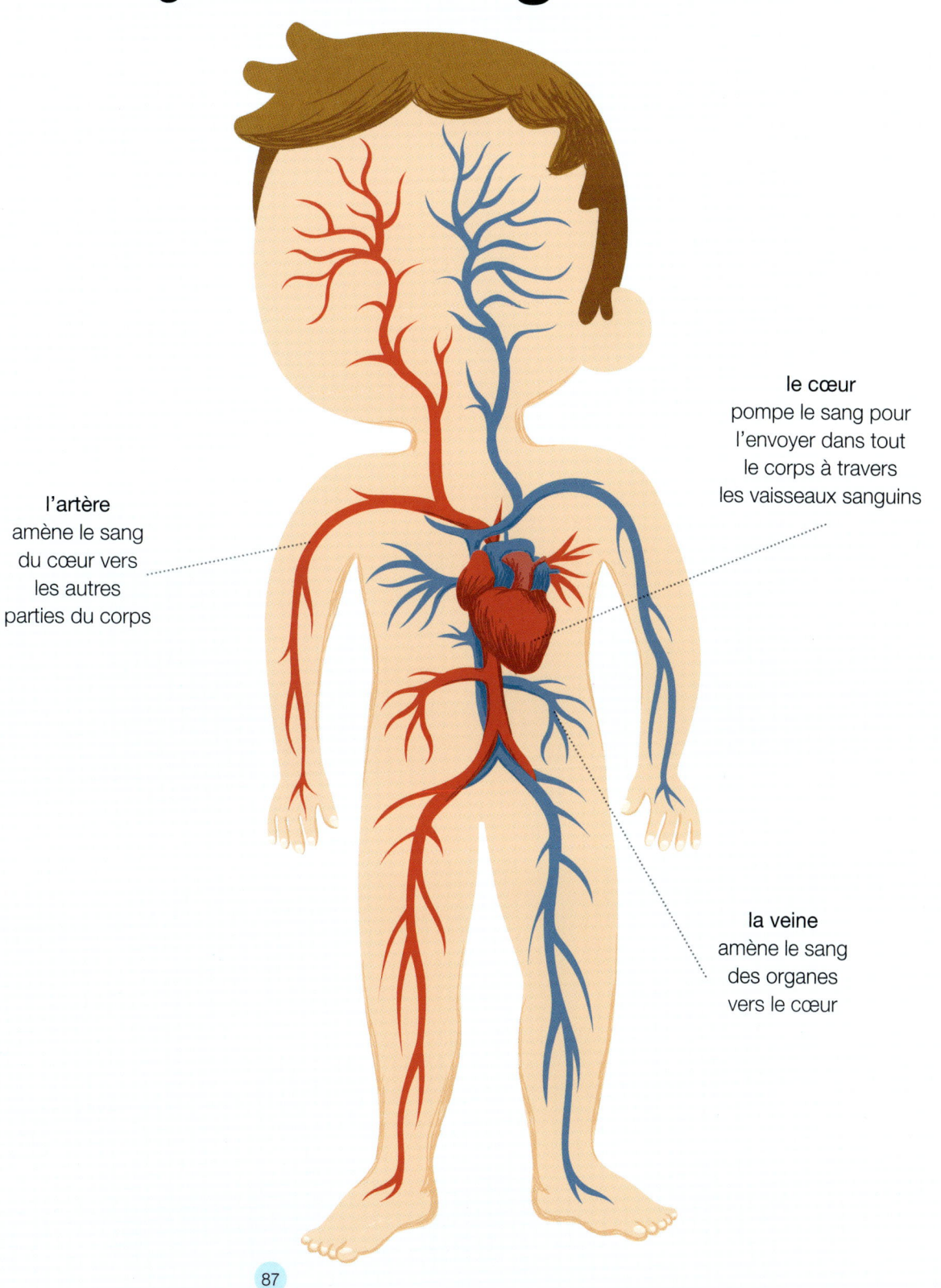

le cœur
pompe le sang pour l'envoyer dans tout le corps à travers les vaisseaux sanguins

l'artère
amène le sang du cœur vers les autres parties du corps

la veine
amène le sang des organes vers le cœur

Protéger son corps

se protéger du soleil

s'habiller chaudement quand il fait froid

avoir une bonne hygiène

manger correctement

dormir suffisamment

ne pas prendre de risques inutiles

😡 Personne n'a le droit…

de te bousculer

de te toucher si tu n'as pas envie

de te faire des câlins si tu ne veux pas

de t'embêter si tu veux rester tranquille

de te crier après tout le temps

de te faire mal

Les expressions du corps

Beaucoup d'expressions utilisent des parties du corps humain pour dire des choses de manière rigolote.

avoir les yeux plus gros que le ventre

se servir plus de nourriture qu'on ne peut en manger

donner sa langue au chat

demander la solution à une devinette qu'on ne trouve pas

tenir la jambe à quelqu'un

faire perdre son temps à quelqu'un avec une conversation ennuyeuse

tirer les vers du nez

réussir à faire dire ses secrets à quelqu'un

avoir l'estomac dans les talons

avoir très faim

prendre ses jambes à son cou

s'enfuir

casser les pieds à quelqu'un

embêter quelqu'un

être tête en l'air

être étourdi

avoir un cheveu sur la langue

zozoter

faire quelque chose les doigts dans le nez

faire quelque chose avec facilité

Ab L'index

A

abdominaux 84
accident 72, 75, 79
accouchement 20, 21
accueil 72
acide 45
activité physique 54
adolescent 22
adulte 11, 22
agir 30
aide-soignante 73
aider 14
air 24, 25
alimentation 71
aliments 13, 26, 27, 43, 44, 45, 56, 57, 58
aller aux toilettes 27, 52
allergie 57
alphabet Braille 77
alvéoles 24, 25
ambulance 73
amer 45
amis 78
amitié 15
amour 15
amoureux 15
ampoule 64
anesthésiste 73
angine 68
annulaire 83
appareil dentaire 58
apprendre 31, 78
armoire à pharmacie 70
artère 87
assistant 59
attendre un enfant 11, 20
attentif 14
auriculaire 83
ausculter un patient 71
autiste 79
auxiliaire de vie scolaire 77, 78
avaler 26
aveugle 76, 77

B

bactérie 68, 69
baignoire 50
bâiller 29
bain 50, 51, 53
bande de contention 65
barbe 9, 11
bassin 85
bébé 9, 11, 20, 21, 22, 52, 72
biceps 84
biscuits 57
blanc de l'œil 36
blessure 64, 65, 75
bleu 64
blond 8
bobo 64, 65
boire 27, 56, 69
boisson 27, 56
boiter 75
bonbons 57
bosse 64
bouche 24, 26, 83
bouclé 8
bouger 12, 13, 31, 54, 55, 74, 84
bousculer 89
boutique 72
bouton 68
brancard 73
bras 10, 82
bronches 24
bronchioles 24
bronchite 68
brosse à dents 50
brosse à ongles 50, 53
bruit 39, 66
brûlure 64
brun 8
bureau des admissions 72

C

cafétéria 72
câlin 28, 65, 89
calme 14
canine 58
canne 74
canne blanche 77
carie 59
carnet de santé 70
cauchemar 29
cavité buccale 24, 44
cavité nasale 24, 42, 43, 44
cécité 77
céréales 13, 45
cerveau 29, 30, 31, 38, 41, 42, 44, 67, 86
chair de poule 41
chambre 73
châtain 8
chaud 40
chaussons 28
chercher 12
cheveu 8, 50, 51, 82, 91
cheville 82
chien d'aveugle 77
chips 57
chirurgien 73
choisir 30
cicatrice 9

cil 36, 83
cil olfactif 42
cils du nez 69
circulation du sang 67
ciseaux 65
clavicule 85
coccyx 85
cœur 23, 55, 86, 87
colère 14
collant 45
colonne vertébrale 85
communiquer 76, 78, 79
compresse 65
concentration 79
conception 20
conduit auditif 38
confiseries 57
consoler 65
construire 12
consultations 72
contagion 68, 69
contaminer 69
cordon ombilical 21
corset 74
côte 85
coton 65
Coton-Tige 50
cou 10, 82, 91
coude 82
couette 28
couleur de la peau 8
coupure 64
courbature 68
courir 12
couveuse 21
crachoir 59
crampe 67
crâne 85
crépu 8
crier 89
croissance 71
crustacé 57
cubitus 85
cuisse 82

D

danser 13
déambulateur 74
déchets du corps 25, 27
déjeuner 56
deltoïde 84
dent 26, 58, 59, 83
dent de lait 58
dentifrice 50
dentiste 59
dermatologue 71
derme 41

dessiner 13
détruire 12
diarrhée 68
digérer 26, 58, 67
digestion 13
dîner 56
discuter 14
distributeur 72
docteur 70, 71, 72, 73
doigt 40, 53, 91
dormir 25, 28, 29, 31, 88
dos 10, 82
dos de la main 83
douche 51
doudou 28, 73
douleur 30, 65, 66, 68
doux 40
dur 40

E

eau 27, 56, 57
échauffer ses muscles 54
échelle de vision 37
échographie 20
école 77
école spécialisée 77
éducateur spécialisé 79
effort 54
égratignure 64
émail des dents 59
embêter 89
embrasser 15
émotif 79
émotion 14, 30
encourager 14
énergie 13, 26, 29
enfant 10, 22, 29, 58, 71
entendre 23, 38, 76
entraînement 55
entrer 12
épaule 82
épi 9
épine 64
équilibre 31, 54, 75
équipe 55
ergothérapeute 74
espalier 75
essoufflé 25
estomac 26, 67, 86, 91
éternuer 52, 66, 68, 69
étourdi 91
expirer 25

F

faim 91
faire attention 30, 36

faire l'amour 20
faire mal 89
fatigue 68
fatigué 29
fauteuil dentaire 59
fauteuil électrique 75
fauteuil roulant 74
féculents 13
féliciter 15
femme 11
fémur 85
fermer 13, 28
fesses 10, 82
fier 15, 55, 78
fièvre 68, 69
fille 10
flotter 55
fœtus 20
foie 26, 86
force 13
fourmis 67
frais 45
fraise 59
frère 9
frisé 8
frites 57
froid 40, 88
front 83
frontal 84
fruits 45, 57

G

gant 59, 65
garçon 10
gastro-entérite 67, 68
gaz 67
gaz carbonique 25
gaze désinfectante 65
gel douche 51
gencive 58
genou 82
glaces 57
glisser 12
globule blanc 69
gorge 43, 68
goût 43, 45
goûter 44, 45
goûter (repas) 56
grain de beauté 9
grand 8
grand dorsal 84
grand fessier 84
grandir 22, 29, 56
gratter 68
griffure 64
grignoter 56
grimper 12
grippe 68
gros 8
gros intestin 26
guérir 65, 70

H

hall 72
hanches 11
handicap 74, 75, 76, 77, 78, 79
handicap mental 78, 79
handicap moteur 74
handicap psychique 78
handicap sensoriel 76
histoire du soir 28
homme 11
honte 15
hôpital 72, 73
hoquet 66
humérus 85
hygiène 88
hypoderme 41

I

imaginer 31
impatient 15
implant cochléaire 76
incisive 58
index 83
infirmier 73
insipide 45
inspirer 25
interne 73
interprète 76
intestin grêle 26
intestins 26, 67, 86
iris 36

J

jaloux 14
jambe 10, 54, 74, 79, 90, 91
jeter 13
joue 83
jouer 52, 54, 55
jouet 71, 73
joyeux 14
jumeaux 21

K

kinésithérapeute 74
kiwi 57

L

labyrinthe 38
lâcher 13
lait 57
lampe 28, 59
lancer 13
langue 41, 44, 58, 83, 91
langue des signes 76
lavabo 50

légumes 45, 57
lèvre 41, 58, 83
lisse 40
lit 28, 29
livre audio 77
livre en Braille 77
lobe 38
loucher 37
luette 58
lunettes 37
lunettes d'essai 37
lunettes de soleil 36

M

mâcher 26, 58
mâchoire 59, 85
magazine 71
maigre 8
main 10, 52, 53, 82, 83
majeur 83
mal de gorge 68
maladie 51, 53, 67, 68, 71, 74, 75, 78
malentendant 76
malformation 75
malvoyant 76
mamelon 41, 82
manger 13, 26, 56, 57, 59, 66, 67, 88
marcher 12, 74
masque 59
massage 74
maternité 21, 73
médecin 71
membre 75
mémoire 29, 31
menton 83
microbe 51, 53, 65, 69
mince 8
minerve 74
miroir 50, 59
molaire 58
mollet 82
monitoring 21
monture 37
mort 23
mou 40
mouchoir 50, 69
mouillé 40
mourir 23
moustache 9
moyen 8
muscle 29, 41, 54, 55, 75, 84
myopathie 75
myopie 37

N

naissance 9, 20, 71, 75, 78
narine 42

nausée 20, 67
négatoscope 71
nerf 38, 41, 42
nez 24, 42, 43, 68, 83, 90, 91
nez bouché 43, 68
nourriture 13, 67
nuit 28, 29, 31
nuque 82

O

obstétricien 21
odeur 42, 43, 66
œil 37, 64, 83
œsophage 26
œufs 57
omoplate 85
ongle 53, 83
opération 37, 73
ophtalmologiste 37, 71
opticien 37
ordonnance 71
oreille 38, 39, 68, 83
oreiller 28
organe 86, 87
orthophoniste 76
os 74, 85
osselets 38
otite 68
otoscope 71
ovule 21
oxygène 24, 25, 55

P

pain 13, 57
palais 58
panière à linge sale 51
pansement 65
papilles 44
paralysé 74, 75
parents 9
parfum 42
parler 30, 31
partager 14
particularité 8, 9
pâtes 13, 57
patient 37, 59, 71, 72
paume des mains 41
paupière 41
pavillon 38
peau 8, 40, 41, 51, 69, 71
pectoraux 84
pédiatre 70, 71
peigne 50
penser 30, 31
perfusion 73
péroné 85
personne âgée 23
pèse-bébé 70
pèse-personne 70

péter 67
petit 8
petit déjeuner 56
peur 55
phalange 83
pied 10, 82, 91
pince à épiler 65
pipi 20, 27
piquant 40, 45
piqûre 64
piscine 75
plaie 65
plante des pieds 41
plaque dentaire 59
plateau d'équilibre 75
plateau-repas 73
plâtre 73
pleurer 14, 65
poignet 53, 82, 83
poil 11, 41
point de côté 66
poisson 45, 57
pommade 65
pomme d'Adam 11
pommette 83
porter 13
poubelle 50
pouce 83
poumon 24, 25, 86
pousser 12
préparation
à l'accouchement 20
prêter 14
prise de sang 70
produits laitiers 57
propre 50
prothèse 74
prothèse auditive 76
psychomotricien 75
pupille 36
pyjama 28

Q

quadriceps 84
quadruplés 21

R

radiographie 59, 72
radius 85
raide 8
rampe d'accès 73, 75
récepteur 40, 41
réconforter 79
reconnaître 30
rééducation 74, 75
réfléchir 31, 54
rein 27, 86
remercier 14
remplir 12

rendez-vous 70
repas 56
respiration 25, 27
respirer 24, 25, 31, 68
ressemblance 9
ressentir 30
retenir son souffle 25
réussir 55
rêver 29
rhume 25, 43, 68
rince-bouche 59
rincer 53
risque 88
riz 13, 57
robinet 50
roter 66
roux 8

S

s'accroupir 12
s'agiter 29
s'asseoir 13
s'entraîner 54
s'habiller 88
s'hydrater 54
s'infecter 65
sage-femme 21
saignement de nez 64
saisir 74
salé 45
saleté 51
salle d'accouchement 73
salle d'attente 71
salle d'opération 73
saluer 15
sang 13, 23, 25, 55, 67, 69, 87
santé 57
sauter 13
sauter à cloche-pied 12
saveur 43, 45
savon 50, 53
savon antiseptique 65
scarlatine 68
se brosser les dents 50, 59
se cacher 12
se calmer 25
se chamailler 14
se coiffer 50
se contracter 67
se déplacer 74
se fâcher 15
se laver 50, 51, 52, 53
se laver les mains 52, 53, 69
se moquer 15
se nourrir 56
se reposer 29, 54
se salir 50
se sécher 51
sèche-cheveux 50

sèche-serviette 51
sécher 53
secrétaire médicale 70
secrétariat 70
seins 11
senior 23
sentir 42
seringue 70
sérum physiologique 65
serviette de bain 51
sexe 10, 41, 82
shampoing 50
silhouette 8
soda 57
sœur 9
soigner 64, 65, 71, 79
soleil 88
sommeil 29, 31
son 31, 38, 39
son aigu 39
son grave 39
sortir 12
souffle 25, 54
souffler 25
souplesse 55
sourcil 36, 83
sourd 39, 76
sourire 58
sparadrap 65
spécialiste 20, 71
spermatozoïde 21
sport 54, 55
squelette 85
stéthoscope 71
sucré 45
surdité 76
surpris 14
système sanguin 87

T

table d'examen 70
tache de naissance 9
tache de rousseur 9
taille 8, 9
talon 82, 91
tapis de bain 51
tapis de marche 74
tempe 83
température 69
tensiomètre 71
tête 10, 82, 83, 91
thermomètre 65
tibia 85
timide 15
tirer 12
toise 70
tomber 13
toucher 40, 52, 77, 89
tousser 68, 69
toux 68

trachée 24
transformer 26
transpiration 27
transpirer 50
trapèze 84
triceps 84
triplés 21
trisomique 78
triste 14, 15
trousse de secours 65
tympan 38

U

urgences 73
urine 27

V

vaccin 70
vacciner 71
vaisseau sanguin 87
varicelle 68
veilleuse 28
veine 87
ventre 10, 21, 68, 82, 90
verre (de lunettes) 37
verre à dents 50
verre d'eau 28
vertèbres 85
vessie 27, 86
vêtement 50
vexé 15
viande 45, 57
vibrer 38
vider 12
vieillir 22
virus 53, 68, 69
visage 77, 82
viser 54
visite du docteur 73
vivant 23
vivre ensemble 14, 15
voir 31, 36, 37
voiturette électrique 75
vomir 67, 68

Y

yeux 9, 29, 36, 37, 71, 90

Z

zozoter 91